Das Buch

Drei junge Frauen aus orientalischem Land, Mädchen noch, sind dem Ehevollzug entkommen. Hilfe bot Danaos, ein Ziegenhirte, der sie ans Tor der Freiheit versprechenden Stadt führte. Aber die Stadt ist voll und hat beschlossen: keine Fremden mehr! So sehen das auch Jugendliche und jagen die Frauen. Und da sind zwölf Schiffbrüchige, sie wagen die Überquerung des Meeres mit untauglichem Schiff. Sie wurden lebend aus dem Wasser gezogen, das Seerecht sichert ihnen Schutz und Bleibe ... Und es kommen immer mehr. Wie weiter? Bürger zeigen Abwendung und Feindseligkeit.
Werner Heinitz lässt in seinem Text, für Theater und Lesungen geeignet, die Fragen diskutieren, die sich aus dem Umstand ergeben, dass immer mehr Menschen vor Not und Kriegen fliehen und eine neue Heimat suchen. »Wir erleben es wie Naturgewalten: ohnmächtig einzugreifen. Wir versuchen Halt zu finden in uns, Antworten zu geben aus dem, was wir geworden sind, was wir noch bewahren, was gewachsen ist in Jahrhunderten bürgerlicher Kultur: unser Verständnis vom Menschsein!« Heinitz fragt. Und die Fragen sind bereits die Antworten.

Der Autor

Werner Heinitz studierte nach einer kaufmännischen Lehre Philosophie und Germanistik und arbeitete danach als Verlagsredakteur und Universitätslektor. Er war Dramaturg am Berliner Ensemble, am Volkstheater Rostock und am Deutschen Theater in Berlin. Heinitz war 1974 beteiligt an der Gründung des Instituts für Schauspielregie und bildete Regie-Studenten aus. Er leitete das bat Studiotheater, war Chefdramaturg der Volksbühne Berlin und Dozent an der Schauspielschule »Ernst Busch«. Als Dramaturg arbeitete er u. a. zusammen mit den Regisseuren Uta Birnbaum, Manfred Wekwerth, Gertrud Zillmer, Frido Solter, Heinz-Uwe Haus, Alessandro Quintano. Er schrieb Kritiken und Aufsätze und war beteiligt an der Erarbeitung von Stückfassungen und szenischen Texten.
Im verlag am park erschienen »Ach, Familie« (2014), »O du mein Romeo« (2014) und »Duell: Kohlhase trifft auf Luther« (2014)

Werner Heinitz

Fremde

Szenisches Fragen. Ein Diskurs.
Folgend den Hiketiden des Aischylos

Inhalt

I   Vorm Tor einer Stadt 7

II Spaß am Denkmal 50

III Behörde 66

IV Verwirrungen 91

Personen

ZAKA
RAINA
ASSIA
DANAOS
PELASGOS
KAPITÄN
SCHWARZER
MANN VOM DIENST (MvD)
HAFENMEISTER
BEAMTIN
ASSISTENTIN
POLIZISTIN
POLIZIST
PARKWACHT SIE
PARKWACHT ER

I
Vorm Tor einer Stadt

Drei junge Frauen in farb-frohen Kleidern, wenig geordneten Haaren, gezeichnet von Strapazen, mit kaum Gepäck (Rucksack oder Beutel), lassen sich in einer Art Parkanlage nieder, nahe ein Felsblock, ein Denkmal.

RAINA Hier könnte es sein.

ASSIA Nein, hier muss es sein!

ZAKA Wo unsere Urväter aus ihren Müttern krochen?

ASSIA Hier blinzelten sie ins Licht, vor sich das Leben, das sie lockte gen Süd und Ost! In Regionen, aus denen wir nun kommen, müde.

ZAKA Getrieben von Angst und Furcht!

RAINA Beflügelt aber von Hoffnungen, hier Schutz zu finden.

ASSIA Ihnen ging es um Brot …

RAINA Um Futter für ihr Vieh! Aber uns …

ZAKA Schutz hier zu finden vor den Rächern unserer Taten!

RAINA Hier soll enden unsere Flucht. Voraus wollen wir blicken, heiter der Stadt uns nähern!

ASSIA Mein Körper sagt, hier erfüllt sich mein Verlangen nach Geborgenheit, hier finden wir Heimat.

ZAKA Vorschnelle du, sieh um dich! Andere siedelten hier, lange schon holen sie Früchte von den Äckern, Obst aus den Gärten. Was träumst du von Heimat? Sie liegt hinter uns.

ASSIA Ich riech' Vertrautes. Diese Erde zieht meinen Körper zu sich: O Erde, fühl nun auch mich!
(wirft sich auf den Boden, küsst die Erde)

ZAKA Lege ab den Überschwang deiner Gefühle! Eindringlinge sind wir. Selbst wenn Ur- und Ururmütter hier die Laken färbten mit dem Blut ihrer Fruchtbarkeit – was gibt Gewissheit uns, hier Schutz zu finden? Gar von Heimat zu sprechen?!

ASSIA Die Alten erzählten so, es prägte sich ein in mir. Und Danaos, unser tüchtiger Hirte, stärkte solch Gefühl.

RAINA Was auch sie ersehnten! Sie hörten es von Vätern und deren Vätern. Wir tragen Bilder in uns, keine Gewissheit in den Köpfen. Nichts halten wir in Händen, Sehnen nur im Herzen.

ASSIA *(läuft zum Felsblock)* Ich klammere mich an diesen Fels! Zum Zeugen erheb' ich ihn: Er sah unsere Ahnen hier hausen.

ZAKA Und rufst du Götter in den Zeugenstand, stumm werden sie bleiben wie der Fels. WEDER STEINE NOCH GÖTTER RICHTEN ÜBER RECHTE DER MENSCHEN!

RAINA Mit schmalem Wissen willst du töten Hoffnung, dass wir Schutz hier einfordern können?

ASSIA Pflanzen wir einfach unsere Wimpel in den Boden. DIE ERDE GEHÖRT ALLEN!

RAINA Richtig, auch uns. *(Sie stecken selbstgefertigte kleine Wimpel in den Boden)* Oder drängt es eine von uns zurück?

ZAKA Der Rache, den Rächern uns auszuliefern, sind wir nicht geflohen!

RAINA Nachts, heimlich brachen wir auf, ängstlich verzweifelt die Hände fassend unseres guten Hirten, der mutig und klug bis hierher uns führte.

ASSIA Kein liebender Vater hätte es besser getan!

ZAKA Wir sind hier angekommen, Schutz zu erbitten, nicht aber anderer Rechte zu besetzen – oder auch nur zu verletzen.

RAINA Ein Gott gab jeder Kreatur das Recht auf Leben – ob hier, ob anderswo. Menschen markieren Grenzen, ziehen Gräben, setzen Steine, bauen Zäune und Mauern! Menschen schmälern sich selbst die Räume, hindern Neugier und Wanderslust!

ASSIA *(fasst die beiden anderen an den Händen)*
Hier singt es schon in den Lüften: Freisein! Hört ihre Lieder, lauscht ihren Sprüchen – hier verraten Großmut die Bewohner!

RAINA Unseren Gruß und unsere Küsse der freien Welt!

Die Mädchen tanzen bis übermütig, ermattet fallen sie zu Boden, liebkosen die Erde.

ASSIA *(richtet sich auf)* Schwindlig macht das Freisein – Vertrautes fehlt: Vaters Haus, das Halt uns gab, Hände zu fassen der Nachbarn … Weh beklagt das Herz, was hinter uns blieb.

ZAKA *(springt auf)* Vergiss nicht Bräuche und drückende Gesetze der Sippe, die Zwänge der Familie – denk an das, was fliehen uns ließ!

RAINA Ich erinnere, was wir gepflanzt, gepflegt, gestaltet mit unseren Händen nach unserem Sinn: Blumenrabatten an der Wasserstelle, Kränze gebunden fürs Haar, für Feste oder Gräber. Und vergessen ist nicht Nachbars Sohn, der meine Augen lehrte, einen Burschen als Mann zu erkennen und schön zu finden.

ZAKA Denk auch an jene, die uns unter die Röcke zu greifen versuchten!

RAINA Was fragst du? Auch ich bekam Regungen, von Jungs berührt zu werden. Väter untersagten alles, überhaupt mit Jungs sich zu treffen.

ZAKA Wir waren versprochen, schon als Kind.

ASSIA Ich versteh' die Väter nicht, ihren Töchtern so fremd zu sein. Und die Mütter nicht, die uns nötigten, früh schon an Ehe zu denken. Das ist wider die Natur unserer Körper!

RAINA Was hatte so mächtig Macht in den Eltern, Gefühle und Wünsche ihrer Töchter aufzuopfern der Sitte, wirkte im Althergebrachten, in gelebten Gesetzen ein Dämon, als Schicksal getragen, dem man sich willenlos fügt?

ZAKA Männer haben es in Stein gemeißelt, auf Pergament gemalt: Weiber haben sich zu fügen! Du kannst es entziffern, ewiglich soll es gelten. Das braucht kein Fragen, duldet keine Zweifel: DER MENSCH IST DES MENSCHEN VERHÄNGNIS! Er bürdet sich Gebote und Gesetze auf – jeder zwingt sich selbst und andere dazu.

ASSIA Verrichtet das nicht schon Natur zur Genüge mit jeder von uns? Ihren Regeln sind wir unterworfen, nicht aber, was Familiensitte abverlangt!

RAINA Den Eltern zürne ich nicht. Sie befolgten, was andere taten und immer getan hatten – sich fügen. Sie nennen es Schicksal oder göttliches Gebot.

ZAKA Wir sind also Gesetzesbrecherinnen, weil wir nicht ertrugen, was über uns verfügt war? Zu ertragen haben wir Natur mit Dürre oder stürzenden Wassern, mit Stürmen und Seuchen – auch unsere Körper mit Launen und Lüsten, Gebrechen und Wünschen! Nicht aber Unheil, das Menschen über Menschen verhängen. DAS VERHÄNGNIS DES MENSCHEN BLEIBT DER MENSCH!

RAINA Da kommt DANAOS, der uns führte bis hierher. Sicher bringt er Rat, wie weiter –
(Die Mädchen eilen Danaos entgegen, herzen ihn)

DANAOS *(hat es eilig)*
Mädchen, soviel ist gewiss: Berge, die unüberwindlich schienen, Flüsse, Niemandsland, Zäune und Mauern liegen hinter uns, Schweres haben wir geschafft –

RAINA Dank deiner klugen Findigkeit! Auch Kontrollen –

ZAKA Lasst uns weiter wandern in die Stadt hinein! Warten zehrt, bringt Zeit, Zweifel zu nähren.

DANAOS Nein, ratsam ist, ihr lasst euch hier finden. Längst haben sie Kunde, für Eindringlinge könnten sie euch halten, ungerufen durch's Tor zu laufen.

ASSIA Allein willst du uns hier lassen?

DANAOS Ich schlängle mich hinein in die Stadt, die Bürger zu erkunden.

RAINA Deine Nähe gibt uns Sicherheit, verlass uns nicht!

DANAOS Ich rate, ihr lagert günstig am Denkmal da. Wichtig scheint's den Bürgern, gepflegt ist alles rundherum; sicher ein geheiligter Ort –

ZAKA Willst du Ängste in uns wecken, Angst vor dieser Stadt, die reich vor uns liegt als unsere Zukunft?!

RAINA Gehen wir zu auf sie mit heiterem Blick! Glauben sie dem Gott, des Zeichen wir mehrfach sahen, werden sie befolgen, was er gebot. Menschsein kann hier nicht anders gelebt werden, als wir es kennen.

DANAOS Zu spät, über der Bürger Sinn zu rätseln. Sie kommen schon.

ASSIA Es sind nur zwei –

DANAOS Weisung bringen sie in jedem Fall, was uns angeht. Hier herrscht Ordnung. Nie waren wir aus ihrem Blick. Gut nur, vorm Tor gewartet zu haben.

ASSIA Mit etwas Unbehagen blicke ich auf diese Männer –

DANAOS Flink zum steinernen Mal! Für Kriegerhelden, Poeten oder Heilige errichtet, fordert solcher Ort achtungsvolles Verhalten von jedem – auch für diese da!

ASSIA Schon heimisch fühlte ich mich, jetzt kriecht Zittern im Körper hoch – alarmiert es zu fliehen?

ZAKA Vor drei Männern? Wohin denn auch? Zurück auf keinen Fall!

DANAOS Beherrscht eure Gefühle, Mädchen, bleibt bei Verstand. Jetzt vorm Ziel nichts Falsches, jeder Schritt, jedes Wort ist zu bedenken! Große Worte, lockeres Mundwerk, kecke Blicke schicken sich für Bittende nicht –

RAINA Rätst du uns, mit krummen Rücken, eingezogenen Köpfen bittend vor ihnen zu stehen?

ASSIA Es sind Männer, wippen wir die Hüften, wedeln mit den Röcken! Freudig werden sie blicken und gierig erspähen wollen, was wohl darunter gediehen ist!

DANAOS Untersteht euch, Mädchen!

ASSIA *(macht es vor)*
Ich könnte so mich zeigen, ein Lied dazu?

DANAOS Vergesst die Späße! Nichts Verführerisches mit den Leibern, nichts Dreistes, nichts Eitles – auch in eurer Stimme nicht! Und plappert nicht vorlaut, überhaupt: Bedenkt jedes Wort, jeden Satz, sprecht gemessen aus ruhendem Blick, und seht aufwärts, dringt ein in ihre Augen; denn Augen sind's, die Türen zu Herzen öffnen.

RAINA Weise sprichst du, aus deinem Mahnen aber hör' ich Sorge, wir könnten missfallen, gar abgewiesen werden?

DANAOS Ich bedränge euch, weil eure Flucht glücklich enden soll –

ASSIA Deine Sorge gilt nur uns?

DANAOS Was steht meinem Alter besser an als hilfreich zu sein der Jugend?

ZAKA Wir wollen aber bleiben, wer wir sind. Bescheidenes und kluges Auftreten hat Grenzen. Aufrecht sollten wir uns zeigen – mit geradem Rücken, erhobenem Kopf!

RAINA Hier lockt Freisein!
(stimmt ein trotziges Lied aus der Heimat an)

DANAOS Ihr sollt euch nicht verbiegen, Mädchen! Aber um Gunst bei Amtsträgern zu erwerben, braucht's Zurückhaltung. Bleibt dabei fest in euch. Ein guter Geist soll euch leiten!

ASSIA Du willst weg?!

DANAOS Flink jetzt zum Denkmal, lasst euch da nieder wie ein Schwarm Tauben, Erholung suchend nach langem Flug. Lasst euch überraschen –

Die Mädchen beginnen, ein Lied zu summen, Danaos davon. Pelasgos, Gewählter der Stadt, mit einem Sicherheitsmann (MvD), der einen Klappstuhl aufstellt für Pelasgos. Die Mädchen verstummen, rücken eng zusammen.

PELASGOS Weibliche Stimmen, Gesang von Frauen hören wir selten vorm Tor der Stadt! In welcher Sprache dürfen wir die bunte Schar grüßen?

Die Mädchen verstummen, schweigen.

Nun, Fremdes verrät die Pracht eurer Tücher, Handgewebtes und Schuhwerk sprechen für ferne Heimat – sagt, wo geht die Reise hin?

Die Mädchen schweigen.

Uns erstaunt, kein Bote, keine Botschaft kündigt euer Kommen an, kein Ruf voraus, und ihr steht da mit kaum Gepäck und ohne männlichen Schutz!

MvD Sucht ihr Verwandte in der Stadt, Freunde, die euch erwarten? Gebt Antwort dem Pelasgos. Versteht ihr mich?

RAINA Unsere Sprache ist die eure.

MvD Das spart den Dolmetsch.

PELASGOS Drei junge Frauen, lustig anzusehen, wie aus dem Paradies gefallen!

MvD Seid ihr auf Wanderschaft oder mit Auftrag unterwegs? Redet, doch breites Reden von Fremden lieben wir nicht.

RAINA Das Lied, das wir summen, beantwortet eure Fragen – (stimmt es an, die beiden anderen fallen ein)

PELASGOS Verschont uns mit Gesang. Was immer auch ihr summt und singt, unser Urteil folgt den Augen: von weit her kommt ihr!

RAINA Wir sind Nachfahren jener, die einst hier siedelten, Felder bestellten, Flüsse lenkten, Siedlungen bauten und Tempel errichteten. Fremde sind wir nicht!

ASSIA Menschen, die einander liebten, sich mehrten, Nachfahren hinterließen …

PELASGOS Ihr gleicht den Weibern Asiens mehr als jenen, die in unseren Betten liegen. Unvorstellbar, dass ihr entschlüpft den Löchern unserer Ahnmütter!

ASSIA Die Alten zu Hause sagen es so –

PELASGOS Mit Farbenpracht, im dünnen Gewand locken Weiber im Orient und östlicher, ja Inderinnen ziehen schweifend auf Kamelrücken durchs Land, kaum bekleidet, Männer zu betören für einen Bund der Ehe!

ZAKA Darauf sind wir nicht aus.

MvD Kommen wir zur Sache: Wo kommt ihr her und wo wollt ihr hin?

ZAKA Erlaubt sei zu fragen, wer vor uns steht – Bürger oder Erste der Stadt, Wächter oder Herren der Tempel? In städtischer Pflicht und Verantwortung oder frei wie Landmänner auf eigenem Boden?

PELASGOS Dein Fragen verrät, dass Fremde ihr seid; denn frei sind alle hier. Pflichten und Verantwortung trägt ein jeder! Für Tempel braucht's schon lange keine Priester mehr, denn Museen sind darin entstanden.

MvD Bars und Cafes laden ein, wo einst Göttern gehuldigt wurde. Holt jetzt eure Papiere aus den Kleidern, damit Klarheit wird, wer ihr seid, wohin die Reise gehen soll.

RAINA Wir sind auf der Flucht –

PELASGOS Geflohen, ihr? Was kam über euch, das Haus eurer Väter zu verlassen, das Schutz euch bot? Nun herumzuziehen gleich einer Schar flügge gewordener Vögel, die Welt zu erkunden und sich ihres Freiseins zu erfreun?

ASSIA Freuden trieben nicht zur Flucht.

PELASGOS Dann, sagt's genauer: Was habt ihr angestellt, das anderen missfiel und ihr fliehen musstet?

ZAKA Wir flohen den Zwängen zur Eheschließung.

PELASGOS Gebt keine Rätsel auf. Dem schönsten Tag des Lebens entflohen? Mädchen hier fiebern solchem Ereignis entgegen.

MvD Da geht es um Schönsein vor anderen.

PELASGOS Was schreckte euch? Natur verlangt sich zu paaren – von jeder Kreatur. Das ist Leben!

MvD Was lief schief?

PELASGOS Vom Mann wird verlangt, euch Weiber zu nehmen. Und anziehend, wie ihr euch unseren Augen bietet, wird's männliche Lust, nach euch zu greifen. Den Blicken folgt das Verlangen, euch zu besitzen. Da geht's mitunter bunt und lustig zu, weil ein Mann leicht gierig wird im Gerangel.

RAINA Was schön, was lustvoll dem einen, schmerzt den anderen.

PELASGOS Beklagt ihr Regelungen der Natur? Beklagt ihr Weiberlos?

MvD Ihr wolltet Mädchen bleiben?

ZAKA Verschiedenartig ist des Menschen Los, verschiedenartig, wie er darunter leidet.

PELASGOS Griff einer nach eurem Leben? Redet so, damit wir's verstehn, was eure Nöte waren, nun hier zu stehn!

ASSIA Man griff nach unserer Würde, Herr –

PELASGOS Zwängten sich die heiratswütigen Burschen gegen euren Willen ins Hochzeitsbett, fassten euch dreist, bezwangen euch mit ihrer Kraft?

MvD Und ihr fühlt euch nun entehrt, bibbert ums verlorene Mädchensein?

RAINA Uns blieb nur Flucht.

MvD Begreifen wir es so: Junge Burschen, denn solche sind's, die zur Brautnacht antreten, wollten euch zu ihren Weibern machen, waren derb oder euch einfach zuwider – und ihr seid aus dem Bett gesprungen und steht da in Unschuld noch!

ASSIA Wir flehen um Schutz.

PELASGOS Das hörten wir. Aber nicht, was ihr vor uns verschweigt, um Einlass zu finden! Was schreckte euch zu vollziehen, wozu die Feier angerichtet, vielleicht schon im vollen Gange war mit Gästen?

RAINA Zahlreichen Gästen, Familien sind groß bei uns. Und alle vom Dorf kommen dazu –

MvD Siehst du, ein Ereignis ist's, ein Ereignis der Gemeinschaft von Dorf und Familie!

PELASGOS Hier auf dem Lande gilt der Spruch »Da, wo man lebt, legt man sich«. Rochen die Burschen nach Pferd oder Ziege, zu streng für eure Näschen? Abstoßend wie Hengste und Böcke in Zeiten der Brunft?

ZAKA Aus Ställen kamen sie nicht.

PELASGOS War es schließlich Ekel vor dem ehebindenden Akt oder mädchenhafte Scham, was euch davonlaufen ließ? Sagt's frei heraus!

ASSIA Wir sind es ungewohnt, die Dinge so zu sehen.

MvD Und wir sie zu verschleiern!

PELASGOS Schluss mit dem Gezwitscher! Verdrückt habt ihr euch vor der natürlichen Bestimmung eines Weibes, getürmt seid ihr, als es ernst wurde mit der Sache! Blickt auf Mutter Erde: Hört ihr sie schreien »Hilfe Vergewaltigung!«, wenn Bäume tausend-, ja millionenfach ihre Samen in ihren Schoß schütten? Nein, sie nimmt willig auf, bettet und feuchtet die Samen, lässt sie keimen, im Licht entfalten!

RAINA Wir sind nicht Erde, Herr. Aber schön beschreibst du das.

ZAKA Unter dem Zwang von Bräuchen, Gewohnheiten geworden seit Generationen, litten wir.

MvD Redet nicht drumherum. Ihr wolltet es einfach anders, wie Jugend es heute überall anders will, als es die Alten machten.

PELASGOS Aber brechen wolltet ihr doch nicht die Traditionen?

RAINA So war das nicht bedacht –

PELASGOS Wie dann? Müssen wir euch alles aus der Nase fischen? Was habt ihr ausgefressen? Eine Dreistigkeit, eine Dummheit?

RAINA Jugendstreichen waren wir entwachsen.

PELASGOS Schlimmeres vollbracht? So leicht treibt's eine Tochter nicht aus Vaters schützendem Haus. Also heraus mit der Wahrheit!

ASSIA Wir knien vor euch, flehen um Schutz für diese und nächste Nächte hinter den sicheren Mauern eurer Stadt – braucht's der vielen Worte und der Fragerei?

MvD Wir müssen Genaues wissen, wer hier Schutz suchen will und warum.

PELASGOS Den Bürgern sind wir verpflichtet, fernzuhalten alle mit dunkler Vergangenheit. Ihr könntet Unruhe in die Stadt bringen –

ZAKA Wir flehen nicht hier, um die Ordnung der Stadt zu stören. Wir sind in Not, helft uns! Wir haben uns den Weisungen der Väter und Familien nicht gefügt, Bräuche missachtet …

PELASGOS Das sind Verfehlungen, die Götter vergeben oder ihre Priester. Das wollen wir nicht hören, was unerzogene Töchter sich leisteten. Wir verantworten die Sicherheit der Bürger und der Stadt. Wir sehen eure Not nicht. *(steht auf, kehrt sich um; die Mädchen umringen Pelasgos und den MvD)*

ZAKA Männer sind unterwegs, bedrohen unser Leben!

PELASGOS Priester mit dem Schwert oder Götterboten? Lächerlich, einfältigen Gören die Köpfe abzuhauen!

MvD Männer sind hinter euch her? Dann haben sie Grund, bei eurem Aussehen!

ZAKA Ihr nehmt uns nicht ernst.

MvD Misstrauen ist unsere Stärke.

PELASGOS Kurz und gut, wir halten uns an das, was beschlossen wurde von allen Gremien, von allen Bürgern, die da mitbestimmen: Die Stadt ist ausgelastet, übervoll mit Fremden!

RAINA *(wirft sich Pelasgos vor die Füße, schreit)*
Herr, denkt, eure Töchter lägen hier im Sand!

PELASGOS Ihr seid nicht etwa blustverwandt mit den irrigen Weibern, über die Mythen berichten?!

RAINA Verrückt sind wir nicht.
(steht auf)

PELASGOS Aber von Wahnvorstellungen befallen. Die endlose Reise hat euch verworren gemacht. Ihr habt Bilder im Kopf aus Geschichten längst vergangener Zeiten. Wer soll harmlose junge Frauen über diese Weite verfolgen?

ASSIA Wir spinnen nicht. Wir haben uns schuldig gemacht. Sie verfolgen uns bis in die letzte Siedlung. Gebt uns Schutz in der ummauerten Stadt!

ZAKA Die Familie ist's. Sie haben Männer gewählt und beauftragt, die Schande, die wir über sie gebracht, zu rächen.

PELASGOS Wir riechen eure Angst, aber noch kennen wir nicht den Grund eures Bibberns. Was verschweigt ihr uns?

MvD Wer gab euch den Rat, irrige Geschichten zu erzählen?

PELASGOS Eure Phantasie scheint grenzenlos, sagt's den Zeitungsleuten, die machen aus der Flucht eine Kriminalgeschichte!

ZAKA Verhaftet uns –

PELASGOS Wir spielen hier keine Komödie!

MvD Verhaften – das geht nun überhaupt nicht. Wir stehen auf rechtlichem Boden. In einem Rechtsstaat werden Menschen nicht einfach in Ketten gelegt, da müssen Beweise her, Gründe vorhanden sein.

RAINA Wir haben uns schuldig gemacht. Bitte, nehmt uns in Haft!

PELASGOS Ihr kommt wirklich von weit her. Beschuldigt euch wie Nonnen unterm Kreuz, ohne Taten vorzuweisen.

RAINA Wir wären sicher vor den Rächern –

MvD Wollt ihr unsere Rechtsordnung lächerlich machen? Auch fürs Einsperren gibt's Regeln, an die wir uns halten müssen! Sonst landen Beamte noch im Knast. Nein, Einsperren geht so einfach nicht.

PELASGOS Schluss jetzt mit der Handelei. Auch der Beschluss des Stadtparlaments liegt vor, eindeutig gefasst seit längerem schon: Keine Fremden mehr!

ASSIA Und wenn wir in einem Stall, bei Schafen und Pferden … für eine Nacht nur, bitte!

PELASGOS Wir sind gewählt als zuständig für die Belange der Stadt. Ihr täuscht euch über unsere Verfügungsgewalt. Alles läuft über Beschlüsse einer Vielzahl von Ausschüssen und Kommissionen; da wird erwogen, beredet, erhoben, hin und her gewendet, geprüft und verworfen. Aber die Beschlusslage liegt vor! Nie soll es heißen über meine Amtszeit DEN FREMDEN HILFREICH GABST DU PREIS DAS WOHL DER STADT!

RAINA, ASSIA, ZAKA *(treten zurück, heben die Hände)*

So höre, was in dem Land, das wir verließen, seit Jahrtausenden in Stein gemeißelt zu lesen ist: DEM MENSCHEN ÜBELSTES IST DER MENSCH –

MvD Der Gedanke eines Philosophen?

ZAKA Ein Poet schleuderte diese Worte seinen Mitbürgern entgegen, als diese sich weigerten, Hilfesuchende in ihrer Stadt aufzunehmen!

MvD Kehrt um, sucht Schutz bei euren Vätern.

RAINA So ist es Lüge, was wir erfuhren aus eurer Welt, die Würde eines Menschen sei höchstes Gut? Gilt es nicht bei jungen Frauen?

PELASGOS Was fällt euch ein! Das ist Grundlage unserer Ordnung und Ausgangspunkt unseres Denkens und alles Tuns!

RAINA Herr, kaum geboren, wurden wir versprochen einem Mann zur Ehe!

PELASGOS Seid ihr Königskinder?! Oder Töchter reicher Väter, die ihren Besitz erhalten, möglichst erweitern wollten?

ZAKA Die Familienräte bestimmten, unter welchem Mann wir uns zu legen hatten – sobald unsere Körper die nötige Reife haben. Wir sind keine Prinzessinnen, noch Erben von Ländereien! Aber eben so wenig verkäuflich.

MvD Das ist mir unbegreiflich. Wer denkt sich sowas aus?

RAINA Das sind Traditionen, seit Jahrhunderten lebt sich das fort.

MvD Ich verstehe es immer noch nicht –

ZAKA Selbst wollten wir mitreden. Uns hängen weder Länder noch Schlösser am Hals, nichts tragen wir mit uns herum als unser Leben! Und das wollen wir in Würde führen – auch Mädchen haben Anspruch!

MvD Es klingt fremd in meinen Ohren, was ihr berichtet. Keine Zeichen von Gewalt sehen wir an euren Körpern – kehrt um!

RAINA Ihr fragt nach Flecken, Schrammen am Körper? Begreift ihr nicht: Schon als Babies wurden uns die Schmerzen der Entwürdigung zugefügt!

PELASGOS Wenn andere festlegen, unter welchem Mann ein Mädchen die Beine zu spreizen hat, ist das nicht menschenwürdig. Wir rangen seit Generationen um die Freiheit der Gedanken, um Selbstbestimmung der Gefühle ringen wir noch heute. Es erinnert an Barbarei, Frauen zu zwingen!

ZAKA Große Worte, Herr! Ihr schützt geprügelte, verletzte, verstümmelte fremde Weiber, heilt ihre Wunden in Kliniken – und uns bleiben die Tore verschlossen? Wenn nur Gewalt, vergossenes Blut zählen – los, Schwestern in Not! Reißen wir unsere Leiber auf!
(rennt zum Denkmal, schlitzt sich die Pulsader auf, Blut spritzt auf die Stufen)
Seht, Männer, wie fröhlich es spritzt und sprudelt!

PELASGOS Bist du irrsinnig?
(schreit) Herunter vom Mal!

MvD Das ist uns heilig!

ASSIA *(folgt, zerrt sich eine Kordel aus ihrem Kleid, legt sich eine Schlinge um den Hals, will das andere Ende am Denkmal befestigen)*

PELASGOS Heraus aus dem Strick! Ihr seid vom Wahn befallen!

ASSIA Paaren wird sich der heilige Mann mit einer Hilfesuchenden!

MvD Unglaublich das! Was fällt euch ein? Das lassen wir nicht zu!
(versucht, die Mädchen vom Denkmal zu zerren)

RAINA *(ruft)* VERWEIGERT NIE HILFE DENEN, DIE UM HILFE FLEHEN!

PELASGOS Stopft ihr das Maul!

POLIZISTIN UND POLIZIST *(waren herangekommen, schleppen Danaos, gefasst an den Armen, er reißt sich los, eilt zum Denkmal)*

DANAOS Mädchen, o Mädchen! Mit Blut erzwingt man keine gute Tat! Haltet ein!
(bringt die Mädchen vom Denkmal)

PELASGOS Der Alte, wer ist er?

POLIZIST Wir griffen ihn in den Gassen, Bürger beschwatzend.

MvD Ein Dieb?

POLIZISTIN Eher nicht. Er schnüffelte herum, quatschte.

MvD Ein Händler, ein Werber?

POLIZISTIN Wir fingerten ihn ab. Nicht einmal ein Messer!

MvD Was redete er mit den Bürgern?

POLIZISTIN Wahrscheinlich erzählte er Männerwitze, sie lachten. Wir hörten nur dummes Zeug.

MvD Ein Agitator? Der Agent einer Sekte auf Stimmenfang?

POLIZIST Zwei, drei Sätze, die ich auffing, habe ich notiert.

MvD Später.

PELASGOS Und wie reagierten die Bürger?

POLIZISTIN Frauen lachten, sie hatten offensichtlich Spaß, dem Fremden zuzuhören.

POLIZIST Er gab an, junge Frauen hierher begleitet zu haben.

PELASGOS Frauen? Diese etwa? He Alter, du hast diese hergeschleppt?

DANAOS Ich schützte sie auf ihrer Flucht.

MvD Du wusstest die Wege zu uns?

DANAOS Es waren Härten und Schrecknisse der Natur zu überwinden, Launen des Wetters zu ertragen ...

PELASGOS Das interessiert nicht.

MvD Verstoßen hast du gegen Regeln und bestehende Gesetze! Wie hast du dich in die Stadt geschlichen?

PELASGOS Hilf endlich, das Mal zu säubern, wisch die Stufen! Eine Taktlosigkeit, ein Ehrenmal mit Blut zu besudeln!

DANAOS *(im Gehen)* Herr ...

PELASGOS Halt! Unterbinde den Terror vor unserem Tor! Bringe diese Gören zur Vernunft!

MvD Wir brauchen schärfere Gesetze, Chef, ich sagte es öfter schon –

Der Hafenmeister (mit Dienstmütze, in Dienstkleidung) eilt heran. Die Mädchen rücken wie ein Schwarm Tauben eng zusammen, nehmen Danaos in ihre Mitte. Sie verfolgen gespannt die Botschaft vom Hafen. Die Polizisten sehen ihre Arbeit für beendet, rücken ab.

HAFENMEISTER Eine freudige Botschaft, unser Schiff lief ein!

PELASGOS Und was ist das Besondere daran?

HAFENMEISTER Bürger drängten zur Mole!

MvD Ein Unheil, Aufruhr gar?

HAFENMEISTER Nein, sie jubeln, unsere Bürger jubeln!

PELASGOS Das ist nicht Bürgers Art, was ist vorgefallen?

HAFENMEISTER Ein Fang besonderer Art lässt sie jubeln. Sie klatschen wie in der Oper nach einer geglückten Arie!

MvD Was hat die Mannschaft denn aus dem Wasser gezogen?

HAFENMEISTER Menschen – mehrköpfig die Schar, gerettet aus stürmischer See!

PELASGOS Das verdient freilich Lob – und Beifall der Bürger.

HAFENMEISTER Sie empfingen Mannschaft und Kapitän mit Hochs. Wirklich wie in der Oper! Bis in die Büros drang der Jubel. So etwas erlebten wir noch nie!

PELASGOS Und was für Leute fischten sie, statt Meeresfrüchten, aus dem Wasser?

HAFENMEISTER In Decken und Planen gehüllt, liegen sie jetzt unter Deck – der Kapitän, da ist er schon! Er wird's berichten!

PELASGO Willkommen an Land, Kapitän und und Freund! Menschenretter verdienen Lob des Amtes und Jubel der Bürger! *(freundschaftliche Umarmung)*

KAPITÄN *(war mit einem jungen strammen Mann dunkler Hautfarbe gekommen, der sich sogleich, in einiger Entfernung noch, auf den Boden wirft und längs liegen bleibt)*
Wir handelten in seemännischer Pflicht – allesamt mit vollem Einsatz! Wir retteten weitere Zwölf –

PELASGOS So kenne ich dich. Berichte!

KAPITÄN Bei hohem Seegang plötzlich ein mageres Boot steuerbord voraus. Es tanzte auf den Wellen, schlug hin und her –

PELASGOS Und weiter?!

KAPITÄN An die zwanzig Gestalten machten wir aus, die meisten an Rudern, andere schöpften unentwegt Wasser – mit Näpfen und bloßen Händen! Einige kippten ab, wir sahen nicht, wie viele, erschöpft, ermattet alle!

PELASGOS Was dann?

KAPITÄN Zu langem Überlegen war nicht Zeit. Keiner zögerte, wir packten's an.

PELASGOS So kennen wir dich, schätzen deine zupackende Art.

KAPITÄN Es war Seemannspflicht, den Schiffbrüchigen zu helfen.

MvD Eine seemännische Tat!

PELASGOS Ich bin im Bilde, kenne die Gesetze.

KAPITÄN Sie waren alle in Lebensgefahr, das Boot im Sinken. Nur schnelles Eingreifen konnte sie vor'm Absaufen retten. Jede größere Welle riss den einen oder anderen über Bord …

PELAGOS *(umarmt den Kapitän, klopft ihm auf die Schulter)* Eine heldische Rettungstat!

KAPITÄN Auf See gilt nur, fest das Steuer in der Hand, Gefahr erkennen – nur so kannst du Wellen und Sturm trotzen, auch Leben retten, auch dein eigenes.

MvD Aber wissen wir, wer sie sind und wohin ihre Reise gehen sollte?

KAPITÄN Der in Gefahr geriet, den befrag' ich nicht nach seinen Reiseplänen, bevor ich helfe!

PELAGOS Ich erinnere mich, du lehnst Orden ab, aber einen weiteren hättest du dir verdient.
(Sie schlagen sich mit den Fäusten gegenseitig auf die Brust.)

KAPITÄN Dreizehn brachten wir schließlich lebend an Bord, sieben rissen die Kräfte des Wassers und Sturmes vor unseren Augen noch in den Tod –. Am Einsatz meiner Männer hatte es nicht gefehlt. Sie setzten ihr Leben aufs Spiel.

HAFENMEISTER Die Welt wird Beifall klatschen der Rettungstat! Eine Meldung geht noch heute an die Agenturen: Brüchige auf See bewegen Gemüter und Herzen, Retter werden zu Helden!

PELAGOS Formuliert es so, denkt dabei an die Wahlen, formuliert es passend!

KAPITÄN Nicht ohne Stolz werden Mannschaft und Kapitän solche Anerkennung entgegennehmen.

ASSIA, RAINA, ZAKA *(springen auf, umtanzen Pelagos und den Kapitän)*

HÖCHSTE ACHTUNG DENEN
DIE HILFE LEISTEN HILFLOSEN
HÖCHSTES LOB DEM
DER LEBEN RETTET
AUS GEFAHR UND NOT

DANAOS Gefahr zwingt den Menschen, menschlich zu sein, handelnd einzugreifen in Gefahren und Not. Das gibt dem Menschen sein eigenes Gesicht unter allen Lebewesen. – Die Mädchen finden Schutz nun auch?

MvD Aus Seenot zu retten ist Pflicht jedes Seemanns!

PELASGOS Geht mir von den Füßen, ih Gören!

MvD Zurück ihr alle!

PELASGOS *(packt den Kapitän kameradschaftlich am Arm)*
Nun zu uns, mein Freund. Stehe mir bei in der beschissenen Lage: Da die Beschlüsse und Bürgergremien, hier die Mädchen mit dem Alten – und nun bringst du Gerettete aus dem Meer! Wer ist dieser, der am Boden klebt und unsere Erde so inbrünstig küsst? Er lief dir nach –

KAPITÄN Er betet.

PELASGOS Sein Murmeln entging mir nicht.

KAPITÄN Einer der Geretteten, der kräftigste, die anderen Zwölf noch unter Deck in Decken gehüllt.

PELASGOS Einer mit krausem Haar! Die anderen von gleichem Aussehen?

KAPITÄN Sie kommen aus benachbarten Siedlungen, wie sie sagen. Vielleicht auch verwandt.

PELASGOS So, verwandt – alles Schwarze?!

KAPITÄN Dunkelbraun ist ihre Haut.

PELASGOS Gehen wir eine Runde?
(nimmt den Kapitän freundschaftlich am Arm)
Im Gehen denkt es sich flüssiger –. Was treibt sie eigentlich fort aus ihren Hütten?

KAPITÄN Banden und kriegerische Gewalt. Streitigkeiten gibt's auch innerhalb der Stämme und Familien, es geht gewaltsam zu.

PELASGOS Geflüchtete also vom dunkeln Kontinent! Was habt ihr uns da eingesammelt, Käpt'n?

KAPITÄN Auch Launen der Natur setzen den Bewohnern zu, treiben sie fort. Fluten wie zu Noahs Zeiten, dann fallen jahrelang keine drei Tropfen vom Himmel!

PELASGOS Und sie laufen weg. Einfach weg wie Tiere von der Wasserstelle, wenn diese versiegt! Sie graben keine neue.

KAPITÄN Einfach ist es nicht, da zu leben, auch wegzulaufen nicht.

PELASGOS Jahrzehnte hielten sie durch. Was sag' ich, fast ein Jahrhundert! Seit die Kolonialmächte begannen, sich zurückzuziehen. Sie blieben in ihren Hütten, überstanden Dürrezeiten und Hunger. Was ist so anders jetzt?

KAPITÄN Hast du je ausgedörrte Gerippe von Kamelen oder Rindern gesehen? Sogar Wildtiere halten der extremen Natur nicht stand –

PELASGOS Aber die Bewohner überlebten Fluten und Dürrezeiten ohne die Hilfe kolonialer Mächte! Was hat sich verändert?

KAPITÄN Sie kannten nichts von einer anderen Welt. Jetzt sehen sie Bilder einer für sie paradiesischen Welt.

PELASGOS Ich begreif' das nicht! Sie graben nicht nach neuen Quellen, wenn eine versiegt, bauen keine Brunnen – sie rennen weg. Geht es jetzt da zu wie in der Tierwelt?

KAPITÄN Sie kannten, aus Märchen und von Missionaren gepredigt, eine andere Welt. Aber Bilder, wie Menschen anderswo leben und leben können, sahen sie nicht. Jetzt sind sie verkabelt, vernetzt!

PELASGOS Die Bilder verbreiten Illusionen über die Wirklichkeit, über unser Leben. Das müssen auch sie nicht glauben –

KAPITÄN Aber sie halten sich daran. Sie klammern sich daran – und sind es Illusionen!

PELASGOS Niemand von unseren Bürgern will und kann das begreifen.

KAPITÄN Dreizehn haben wir gerettet vor'm Ertrinken. Zehntausende sind unterwegs, haben ihre Schlafplätze verlassen ... Wieviele von ihnen finden ihr Grab im Meer?

PELASGOS Und sie stapften durch Savannen und Wüsten wie wasserwitternde Büffel-Herden?

KAPITÄN Mit Kraft und klarer Orientierung, wohin die Wanderung gehen soll: Wo es mehr als Wasser, mehr als zureichend Nahrung gibt! Es sind inzwischen Millionen, und es werden mehr!

PELASGOS Ein Horror, wenn Massen auf uns treffen!

KAPITÄN Weltweit kreisen die Bilder vom paradiesischen Wohlleben hier.

PELASGOS Die ihre Heimat verlassen, scheinen mir Menschen ohne Kopf, sie können sich ausrechnen, dass wir Millionen fremder Menschen nicht unterbringen, nicht versorgen, nicht betreuen können! Das übersteigt die Möglichkeiten.

KAPITÄN Mathematik ist nicht ihr Hobby.

PELASGOS Gier treibt sie, vom Reichtum unserer Zivilisation zu nehmen – wie wassersuchende Büffel-Herden? Du fährst in der Welt herum?

KAPITÄN Auf den Meeren!

PELASGOS Mich quälen schreckliche Visionen: Massen fremder Menschen in unserer Stadt! Sind das vorauseilende Schatten einer Zukunft? Was droht unseren Kindern?

KAPITÄN Sie werden mit ihrer Welt fertig werden müssen wie wir jetzt mit unserer. Dazu gehören dann noch mehr Fremde, anders wird diese Welt aussehen –

PELASGOS Weißt du überhaupt, wer da in wärmende Decken gehüllt unter Deck auf deinem Schiff schläft?

KAPITÄN Ich konnte sie nicht befragen, sie waren erschöpft.

PELASGOS Wir müssen wissen, wohin die Reise gehen sollte, was sie planten, vielleicht reisen sie mit Auftrag oder in Mission!

KAPITÄN Wie Prediger sehen sie nicht aus.

PELASGOS Ich verdächtige sie nicht, den Himmel zu predigen, ein paradiesisches Jenseits zu versprechen. Aber sie könnten der Anfang sein von unserem Ende, sie könnten uns unterwandern, Städte und Dörfer überschwemmen mit Analphabeten und lustvoll sich vermehrendem Gesindel!

KAPITÄN Widerwärtig dein Denken, du spinnst!

PELASGOS Und wenn es so wäre?

KAPITÄN Das sind Menschen in Not! Sieh in ihre offenen Gesichter: Voller Erwartung sehen sie dich an, dir vertrauend, voll von Lebenshoffnungen – da spricht Zukunft! Die sind keine Verderbnis für uns!

PELASGOS Das klingt naiv.

KAPITÄN Dann stell sie verbrauchter Jugend unserer Zivilisation gegenüber, vergleiche! Kein Morgen spricht dich an! Geschwächt in lustvollem Umgang mit sich selbst, müde Blicke, hängende Köpfe und gekrümmte Rücken – kein Leuchten aus den Gesichtern, was an Zukunft denken, auf Zukunft hoffen lässt!

PELASGOS Mit Massen Fremder fallen wir zurück in Vorzeiten. Ihr Bildungsstand, ihr Mangel an Wissen und geistigen Fähigkeiten entsprechen nicht den Erfordernissen in unserer kompliziert gewordenen Welt.

KAPITÄN Du wirst sie nicht aufhalten, wir können sie nicht abwehren. Und es werden mehr –

PELASGOS Unsere Bürger haben beschlossen, keine Fremden mehr, die Stadt ist voll – mit Mehrheit beschlossen! Was soll ich tun? Ich habe geschworen, dem Bürger zu dienen!

KAPITÄN Bürger denken praktisch – und erst einmal nur an sich: Was bleibt mir, was ist gefährdet vom Besitz! Was bleibt vom Wohlleben?

PELASGOS Sie wollen Sicherheit, möglichst für alles. Sind ständig in Angst einzubüßen, schmälern ihren Besitz –
(winkt den Mann vom Dienst zu sich)
Wie ist die Lage aus eurer Sicht, wie beurteilt ihr die Sicherheit der Stadt?

MvD Wir gehen allen Möglichkeiten nach, leuchten alles aus. Die unter Deck noch schlafen, könnten ein Vorkommando sein, bilden den Brückenkopf für weitere Boote.

PELASGOS Interessant.

KAPITÄN Wir sind nicht im Krieg, Mann!

MvD Kriege werden auch anders geführt als bisher, mit weitreichenden Überlegungen. Familienmitglieder kommen nach, ganze Familienclans nisten sich ein, treiben Handel und Gewerbe, scheinbar belanglos, aber peu a peu untergraben sie unseren Handel, nehmen Einfluss in Wirtschaft, gewinnen Macht in der Stadt – schon durch ihre wachsende Zahl! Sie vermehren sich, sind sie angekommen, wie Karnickel auf Feldern und Wiesen!

PELASGOS So bringt man unsere Ordnung ins Wanken? Das ist absurd.

MvD Wir ziehen alles in Erwägung. Fassen sie einmal Fuß, bringen sie nicht allein Handels- und Gewerbeordnung ins Chaos, die gesamte bürgerliche Zivilisation gerät in Gefahr!

KAPITÄN Überlegt lieber, was getan werden kann, Schutzlose zu schützen, statt Geschützte zu sichern!

PELASGOS Erfahrt mehr über den Alten, behaltet ihn im Blick!
(MvD geht)
Und wir, Freund, gehen einige Schritte weiter, unsere Gedanken zu vertiefen –
(Pelasgos und der Kapitän gehen Runden)
Du hättest es sehen müssen: Die Schiffbrüchigen sind Schwarze!

KAPITÄN Wir handelten nach den Seegesetzen. Ich hielt mich daran.

PELASGOS Ich kenn mich aus in Gesetzen und Paragraphen. Löblich deine Gesetzestreue –

KAPITÄN Als wir das Boot ausmachten, sahen wir Menschen vorm Absacken ins Nichts! Menschen wie wir vor'm Absaufen! Wir sahen Lebende auf sinkendem Schiff!

PELASGOS Du hättest es riechen können: Da lauern Schwierigkeiten für mich und Gefahren für die Stadt!

KAPITÄN Einig war ich mit jedem Mann an Bord: Wir packen das.

PELASGOS Deine Art. Wie aber weiter mit den Schwarzen?

KAPITÄN Das war nicht zu bedenken. Es war überhaupt nicht Zeit, lang zu überlegen!

PELASGOS Wir ehrten und lobten dich für so manche Tat, Verdienstorden durften wir dir nicht anhängen –

KAPITÄN Für Selbstverständliches lasse ich mich nicht schmücken. Wir alle sahen Schiffbrüchige, Menschen in Lebensnot – wir sahen Lebende auf sinkendem Schiff!

PELASGOS Da hast du Vorteil, kannst handeln nach eigenem Ermessen und Gefühlen –

KAPITÄN Es war kein Eigensinn, keine Eigenmächtigkeit – es wurde getragen von allen!

PELASGOS So wirst du bewundert und geehrt als Kommandant – ich seh' dich auf der Kommandobrücke, und alles geschieht nach deiner Weisung, die Mannschaft folgt deinen Kommandos!

KAPITÄN Längst schon wären wir in einem der Stürme gescheitert ...

PELASGOS Ich weiß, ich weiß! Das aber hier ist mein Kreuz: Was ich auch anweise, wird falsch sein – und tue ich nichts, ist es ebenso falsch! Die drei jungen Frauen könnte die Stadt noch verkraften – aber alle Gremien sprachen sich dagegen aus. Und das sind die Bürger in gewählten Vertretungen! So spricht die Bürgerschaft – und ich weiß, es ist nicht menschlich. Ich hasse diese Demokratie, wenn es zu solchen Entscheidungen kommt, ich hasse Demokratie, wenn ich zu Falschem Ja sagen muss! Ich fluche der Demokratie, wenn Demokratie mich zwingt, zu tun oder zu unterlassen, was meinem Menschsein widerspricht!

KAPITÄN Was ist einem Mann im Amt noch zu sagen? Du hast dich versprochen, es zu führen. Versaut etwa ein Amt das Menschsein im Amt?

PELASGOS Lass dir sagen, Freund, du hast gehandelt wie ein Notarzt, der den Verletzten und seine Wunde sieht, dich nicht aber wie ein Patriot verhalten.

KAPITÄN Was soll das heißen? Das ist ungeheuerlich!

PELASGOS Ich halte dir nicht vor, nicht pflichtgemäß wie ein Notarzt zur Stelle gewesen zu sein –

KAPITÄN Sondern?!

PELASGOS Dich nicht wie ein patriotischer Bürger verhalten zu haben! Das war Verrat an der Bürgerschaft, die es anders wünschte und will! Das war Verrat ihrer Besitz- und Lebensinteressen und Missachtung ihrer Festlegungen!

KAPITÄN Du bist verrückt –. Die viel älteren Seegesetze unterscheiden nicht nach Hautfarbe oder Herkunft, nach Fremdheit oder Nähe, nach Reichtum oder Armut – wer in Seenot geriet, dem muss geholfen werden! Ich erkenne dich nicht wieder – *(wendet sich ab)*

PELASGOS Lass uns vernünftig die entstandene Lage besprechen!

KAPITÄN *(frontal zu ihm)* Hol dir die Besserwisser deiner Berater, in deiner Vernunft steckt keine Menschlichkeit!

PELASGOS Dann sag, wie kommen wir gemeinsam aus der Scheiße?!

KAPITÄN Wir gemeinsam?

PELASGOS Du hast die Schwarzen an Land gebracht – mir hängen die jungen Frauen an!

KAPITÄN Verfahre amtsgemäß, halte die Ordnung ein, beschäftige die bestehenden Gremien, bilde neue Ausschüsse oder Sondergipfel, berufe gescheite Köpfe in Zirkel ... es sind genügend da zu intelligentem Gequatsche! Und lass die drei Frauen einfach laufen –

PELASGOS Und deine Schwarzen? Ihr habt sie auf euer Schiff gebracht!

KAPITÄN Was stinkt daran, Schwarze gerettet zu haben? Bürger haben sie bejubelt –

PELASGOS Eure Rettungstat! Gemeinsam können wir kurzerhand die Angelegenheiten klären.

KAPITÄN Sage deutlich, was du von mir erwartest.

PELASGOS Ich könnte mir denken, die Schwarzen an Bord zu halten –

KAPITÄN Wir, die Mannschaft soll für die Schiffbrüchigen sorgen, wir sie ernähren?!

PELASGOS Kurzfristig nur –

KAPITÄN Verteile du sie in die Ämter! Da sitzen genügend Leute, sie zu betreuen! Wir sind kein Hotel.

PELASGOS Bald stecht ihr wieder in See! Ihr ladet sie ein, nehmt sie mit. Die Mädchen gleich dazu –

KAPITÄN Ein schwimmendes Bordell?! Du hast eine Art Traumschiff vor Augen, was?! Komme zur Sache.

PELASGOS Unauffällig, vielleicht noch heute Nacht, legt ihr ab mit der Ladung ... Und »Ahoi!«, hinaus aufs Meer!

KAPITÄN Und wir spähen nach einem sandigen Strand, steuern eine ferne, unbewohnte Insel an, und gelungen ist die Robinsonade!
PELAGSOS Das wäre überhaupt die Lösung – und Glück für alle: Die Erfüllung der Flucht auf einer traumhaften Insel!

KAPITÄN Bleib am Boden. Wir spielten zwar zusammen Indianer, aber solche Utopien überlassen wir besser den großen Politikern!

PELASGOS Dann hilf mir aus der Klemme, in die ich hineingeriet. Du hast es in Händen –

KAPITÄN Ich?

PELASGOS Du witterst es längst, wo hinaus ich denke: Ihr stecht noch heute Nacht in See mit der doppelten Ladung –

KAPITÄN Und?

PELASGOS Mit kräftigem seemännischen Gesang tuckert ihr dahin, wo ihr sie aufgefischt, sozusagen ihr letzter Heimatort –

KAPITÄN Und dort stimmen sie Heimatlieder an?!

PELASGOS Dort kippt ihr, ruckzuck, die Ladung ins Meer. Die Mädchen mit. –

KAPITÄN Witzelein sollten sich verbieten angesichts der Not dieser Menschen.

PELASGOS Und wenn das – oder Ähnliches – sich als Lösung böte?

KAPITÄN Und warum bringt ihr sie, wenn sie euch lästig sind, nicht einfach um? Das haben andere, vor uns, so gehandhabt!

PELASGOS Wir sind keine Mörder! Solche nicht. Du bist verrückt!

KAPITÄN Aber ich erlebe gerade, wie sich ein Mensch im Amt sein er Menschlichkeit entledigt –

PELASGOS Es war ein blöder Einfall, fertig zu werden mit dem Dilemma, herauszukommen aus dem Zwiespalt, in dem ich stecke: Wahlen sind im Anmarsch!

KAPITÄN Wird alles nur auf Wahlen hin gesagt? Was treibt dich zu solch Wahsinnsdenken? Feigheit, den Interessen von Bürgern und ihren Beschlüssen nicht nachzukommen, ihnen ausgeliefert zu sein? Oder Angst, ein Amt zu verlieren?

PELASGOS Sie gaben mir die Stimme, ihre Interessen zu verfolgen, ihre Bedürfnisse, auch Begehrlichkeit zu sichern – und ich gab ihnen mein Wort!

KAPITÄN Es fällt mir schwer, mich in menschliche Abgründe hineinzuwinden. Wenn so dein Verlangen ist, verlierst du mehr als einen Freund: Du verlierst dich als Mensch, machst dich zum Verbrecher!

PELASGOS Lass die Moral aus unserem Gespräch.

KAPITÄN Moral? Menschen ins Meer kippen zu wollen entbehrt jeder Sittlichkeit – das wäre Verbrechen, das wäre Mord! Ich rate dir: Schließ die Kabine, verschließ solch Ansinnen! Noch besser: Versenke es ins Meer! Am Meeresgrund soll es liegen, bis unser Jahrhundert vergangen ist. Und länger. Wie kommst du auf so etwas?

PELASGOS Es waren Gedankenspiele, irre Einfälle –

KAPITÄN Mit Verbrechen im Kopf spielt man nicht.

PELASGOS Was ist es anderes, wenn wir auf Bildern zusehen? Was ist es anderes, wenn wir in Filmen zusehen, wie flüchtende Menschen im Meer ersaufen und wir nicht Hand anlegen?

KAPITÄN Weil wir nicht dort sind, nicht vor Ort sein können!

PELAGOS Wir nehmen aber teil, ja sind Teil des grausigen Geschehens –

KAPITÄN Das ist die Wirklichkeit. Wenn mich je ein Auftrag erreichen sollte, der mit Verbrechen spielt, verlasse ich die Brücke – und ich bin mir sicher, die Mannschaft geht mit von Bord!

PELAGOS Die Bürger jubelten euch zu für die Rettung, warfen Blumen, empfingen euch mit Hochs und feierten euch als Helden des Menschseins – aber warte es ab, wenn euer Fang aus den wärmenden Decken gekrochen ist und die kraushaarigen dunklen Männer auftauchen: Der Schreck lässt den Jubel verstummen, das Jubilieren schlägt in Furcht und Ängste um! Es ist nicht Lebensangst, was sie befallen wird, sie ängstigen sich um das wohlige Leben und ihren Besitz! Und wenn wir beginnen, die Geretteten in bewohnbaren Räumen, in Häusern unterzubringen, fürchte ich Gewaltakte! Wie weiter?

KAPITÄN Frag den Alten da.

PELAGOS Den Ziegenhirten, der uns die Mädchen heranschleppte?

KAPITÄN Solche haben Erfahrungen, wurzeln im Leben, tragen jahrtausendealte Weisheiten mit sich.

PELAGOS Ich pfeife auf Weisheiten, brauch' praktischen Rat! Was ich auch tue, wird falsch sein – doch nichts zu tun ist auch das Falsche. Begreifst du meine Lage nicht?!

KAPITÄN Dann frag deine Berater. Wozu besetzen sie behördliche Räume?

PELAGOS Sie eilen von Besprechung zu Besprechung, Sitzungen bis spät in den Abend –

KAPITÄN Und vergessen sogar Mittagessen und Abendmahl?!

PELASGOS Spotte nur! Ich bin umgeben von dienenden Leuten, die keine Verantwortung in sich tragen für das, was sie sagen – noch viel weniger für das, was zu tun wäre! Sie sammeln Bedenken, vergessen dabei die Sache, um die es geht!

KAPITÄN Du denkst bitter über die Ordnung, in der du selbst das Sagen hast?

PELASGOS Hätte ich's! Bürger beherrschen das Reden mit ihren Gremien! Die vielen aber, die da reden, haben nichts zu sagen! Nichts, das weiterführt. Sie bringen sich zu Gehör, glauben sich wichtig – das macht mich bitter!

KAPITÄN Lass Götter gnädig auf dich blicken, Freund, der du mir warst!

PELASGOS Der Freund reicht also dem Freund nicht mehr die Hand? Zeit ist nicht, auf Gnade von Göttern zu warten. So trample ich mir meinen Weg allein!

KAPITÄN *(im Gehen)* Erkläre deine Nöte dem Ziegenhirten!

PELASGOS He du!

DANAOS *(schnell zu Pelasgos, verbeugt sich tief)* Herr?

PELASGOS Du hast die Frauen vor die Stadt geschleppt, du hast mich in Schwierigkeiten gebracht!

DANAOS Herr, ich habe die Mädchen geführt, sicher hierher geführt.

MvD Und dazu bist du durch die halbe Welt gepilgert?

DANAOS Ich würde um die ganze Welt laufen, sähe ich, sie sind in Lebensgefahr.

PELASGOS Verrückt ist das, wahnsinnig bist du!

DANAOS Ist es Lebens Sinn, hilfreich zu sein nur sich – wie jeder Wurm sich immerfort wendet zu eigenem Wohlgefallen?

PELASGOS Begreifst du unsere Lage, in die du uns gebracht? Zu den jungen Frauen jetzt die Schiffbrüchigen! Bürgergremien und Stadt haben beschlossen, keine Fremden mehr!

DANAOS Die Mädchen suchen Schutz vor Rächern.

PELASGOS Das haben sie sich eingebrockt. Ich habe die Probleme. Vorm Tor können sie nicht bleiben.

DANAOS Redet mit den Bürgern, Herr!

PELASGOS Was schwätzen sie überhaupt von Danaiden-Töchtern?

DANAOS Sie schlachteten ihre Männer – in Vorzeit, dem Mythos nach.

PELASGOS Ist mir bekannt. Auch die Strafen, die Götter über die irren Weiber verhängt haben sollen. Was suchen die Mädchen in den unwahrscheinlichen Geschichten herauszuhören?

DANAOS Sie zittern vor Rächern – wie Lämmer im eisigen Wind!

PELASGOS Ihre Jungfräulichkeit ist wahrscheinlicher als die Tötung der zu ihrer Ehe bestimmten Burschen. Was verbergen sie hinter ihrem Geschwätz? Sie erinnern an Kinder, die sich bei Gewitter unters Bett verkriechen. Vorm Tor können sie nicht ewig hocken!

DANAOS Herr, redet mit den Bürgern, hört sie an.

PELASGOS Sie haben viele Gründe, euch abzuweisen, sie beharren auf Beschlüssen.

DANAOS Ich hörte auch andere Stimmen – und beobachtete, wie sie einander helfen!

PELASGOS Wenn sie Vorteil haben oder für sich sehen.

DANAOS Sie haben Kenntnis vom Elend auf dieser Welt und nehmen Anteil!

PELASGOS Mit Gefühlen – und quatschen darüber wie über einen Unfall, ein Unglück, das einmal war und nicht wiederkehrt! Aber dauerhaft kann Elend sein – und zahlreicher die Menschen werden, die aus ihrer Not fliehen!

DANAOS Seht dahin, wo Menschen ihr Leben leben. Geht zu denen, die lachen und singen, auch wenn ihr Dasein Schweres abverlangt!

PELASGOS Ins Amt gewählt, habe ich Aufgaben zu erfüllen: Stadt und Bewohner zu schützen, den bürgerlichen Wohlstand zu erhalten, Entwicklungen unserer Zivilisation zu fördern. Es ist nicht Zeit, jetzt lang herumzugucken.

DANAOS Seht selbst, wie sie ihr Leben leben – wenn Mangel ist oder Not am Menschen!

PELASGOS Du willst mich in die Gassen locken, zu hören, dass sie meckern wie deine Ziegen? Dafür bin ich nicht gewählt.

DANAOS Dann lasst mich gehen –

MvD *(kommt dazu)* Schlaumeier du! Mit List in die Stadt, Schlupfwinkel erkunden, wo ihr euch verdrücken könnt?!

DANAOS Mit Bürgern will ich sprechen, Herr!

PELASGOS Was erwartest du?

DANAOS Wenn Menschen voreinander stehen – sich sehen, atmen hören, sich riechen … weicht Fremdes, und sie legen Scheu voreinander ab, öffnen sich –

MvD Die Türen ihrer Häuser gleich mit?!

DANAOS Sie finden Verständnis füreinander.

MvD Und bitten zum Tee!

DANAOS Lange hält es ein Mensch nicht aus, sein Gegenüber zu spüren und ihm ins Gesicht zu sehen, Aug' in Aug' … ungern erlebt man Not. Man wendet sich ab.

PELASGOS Dann zeige dich, rede, weck sie auf, hilfreich tätig zu sein!

DANAOS Ich soll für die Mädchen reden?

PELASGOS Geh schon! Erzähle von ihren Nöten!

DANAOS Ihr lasst mich allein laufen in die Stadt hinein?

PELASGOS Erkunde der Bewohner Sinn, prüfe ihr Bereitsein, für Fremde mehr noch zu tun als bisher schon! Und beschönige nichts, mach nicht kleiner die Lasten, die auf sie kämen – lauf schon!

MvD Aber verdrück dich nicht, verschwinde nicht im Gewimmel!

PELASGOS Berichte bald. Meinungen der Bürger brauche ich als Argumente im Rat!
(Danaos geht)
Wir müssen herausfinden, wie weit die Bürger willig sind, Einschränkungen auf sich zu nehmen. Ich will wissen, ob sie bereit sind, Entbehrungen zu tragen.

DANAOS *(umkehrend)*
Und was ist mit den Mädchen, Herr?

PELASGOS Nimm sie mit. Sie mögen sich in ihrer fremdländischen Anmut zeigen, mit ihren Reizen Blicke der Männer fangen, die Frauen neugierig, die Burschen begierig zu machen! Nehmt sie mit, gewinnt Herzen in der Bürgerschaft!

RAINA, ASSIA ZAKA *(springen auf, jubelnd zu Pelasgos, umringen und umtanzen ihn)*
SO ZEIGT SICH ERHABEN EIN MENSCH
HEIL DER STADT
DIE MÄNNER MIT GROSSMUT
IN IHREN ÄMTERN HAT

DANAOS Bitte, gebt einen Stadtkundigen mit, die Mädchen sollen sich im Gewimmel der Stadt nicht verlieren, aus dem Gewirr der Gassen sicher zurück sich finden!

MvD Sei sorglos, Alter, ihr geht uns nicht verloren, ihr bleibt im Blick –

PELASGOS Und ihr, Frauen, nehmt Zweige und Blumen, tragt sie hoch über die Köpfe, sichtbar als Zeichen friedlichen Kommens, wie es Brauch ist in unserem Land!

RAINA, ASSIA, ZAKA Danke, danke …
(eilen davon, Danaos hinterher)

PELASGOS Gewinnt Sinne und Herzen der Bürgerschaft!

MvD Ein rettender Einfall, die Mädchen in die Stadt zu schicken, Chef! Wartend vor'm Tor schadeten sie dem Ansehen der Stadt.

PELASGOS Und machen andere lebendig –

MvD Das Wimmern Fremder vor der Stadt erträgt der Bürger nicht lange, es macht nervös.

PELASGOS Der Ausflug in die Stadt wird euch Zeit verschaffen!

MvD Wir denken nach, arbeiten an geeigneten Maßnahmen. Das Büro für Ankömmlinge, mit Frauen neu besetzt, sollte es schaffen, sie zur Umkehr zu bewegen –
(Der Kapitän geht, der Schwarze, immer noch auf dem Boden liegend, betend) He, nimm den da wieder mit!

KAPITÄN *(sich umwendend)* Der gehört dir, auch die anderen Zwölf. Du kennst die Gesetze. Die Stadt ist zuständig für Geborgene vor eigener Tür, eigener Küste!

MvD Steh endlich auf, Bursche!

SCHWARZER *(springt auf, läuft zu Pelasgos, kniet vor ihm, unterwürfig)* Gott wird lohnen, Herr! Wir danken!

PELASGOS Die anderen – alles Burschen wie du?

SCHWARZER Dem Kapitän wir danken.

PELASGOS Groß und kräftig alle wie du?

SCHWARZER Gesund wir, Herr. Gut Arbeiten. Alle voll Kraft.

MvD Frauen fänden Freude an solchen Burschen, Chef.

PELASGOS Liebebedürftige Frauen sind meine Sorge nicht, ich sehe Staatsprobleme.

MvD Die Bevölkerung könnte wachsen, sich verjüngen – die Entwicklung ist rückläufig.

SCHWARZER Herr des Landes, Gott wird lohnen!

PELASGOS Mach dir da keine Gedanken, Mann.

MvD Wohin sollte die Reise gehen? Welchen Kurs nahm euer Boot, auf welche Küste steuerte es zu?

SCHWARZER Wir im Sturm.

PELASGOS Was habt ihr vor? Eure Truppe hatte doch etwas im Sinn?!

SCHWARZER Im Frieden leben, Herr! Nicht Krieg …

MvD Wer hat euch geschickt?

SCHWARZER Wir kräftig, gut arbeiten.

PELASGOS Das sagen alle.

MvD Wer bezahlte die Bootsfahrt? Wer gab euch Geld?

SCHWARZER Weggerannt wir, Stammeskrieger brannten Dorf.

PELASGOS Das hören wir immer. Von überall her.

SCHWARZER Alle Hütten in Flammen!

PELASGOS Von euren Stammeskriegern wollen wir nichts hören. Zu viele, zu verwirrend für uns – wer Feind, wer Freund?!

SCHWARZER Wir uns verstecken im Busch. Wir beobachten.

PELASGOS Ja, ausreißen und verstecken! Dann gucken wie Kinder! Warum nicht kämpfen?

SCHWARZER Wir schwach. Wir keine Waffen, nur Messer für Bambus.

MvD Andere kämpfen mit ihren Macheten!

SCHWARZER Wir friedlich. Wir keine Kämpfer –

PELASGOS Und nun bei uns verstecken, in Deckung bleiben, warten, was kommt?

SCHWARZER Hier gute Menschen, viele. Wir sehen im Fernsehen. Gott wird richten. Wir gut arbeiten.

MvD Das könnt ihr zu Hause auch.

SCHWARZER Im Dorf keine Häuser mit Maschinen. Hier viele.

MvD Mit den Händen könnt ihr Erdnüsse, Bohnen, Kartoffeln anbauen, die Früchte pflücken, bevor sie von den Bäumen fallen!

SCHWARZER Frauen immer arbeiten.

PELASGOS Wo habt ihr eure Weiber?

SCHWARZER Wir zu jung für Frau.

MvD Mach keine Witze. Ihr habt sie versteckt, irgendwo! Sie warten, sind geduldig, bis ihr sie holt. Ihr seid das Vorkommando – später dann die Invasion: die Frauen mit Kindern, bald hinterher Opas und Omas, Tanten und Onkel und wer nicht alles zur Familie zählt! Sie kriechen unter und nisten sich ein. Sie sind gewohnt, in Ecken auf dem Boden zu schlafen …

SCHWARZER Herr, wir geflohen vor schreckliche Krieger!

MvD Warum nicht ins nächste Dorf?

SCHWARZER Um uns Rauch und Flammen.

MvD Und da gondelt ihr über's Meer, macht euch auf den weiten Weg in fremde Länder? Warum nicht ins Nachbarland?!

SCHWARZER Wir gaben Bootsmann Geld, viel Geld! Hühner und Ziegen wir verkaufen, auch das Schwein –

PELASGOS Nun glaubt ihr, im Paradies gelandet zu sein?! Kriegt Essen, könnt schlafen in einem Bett und stellt euch brav und geduldig in die Warteschlangen?!

SCHWARZER Wir hier arbeiten und Geld verdienen!

MvD Das denkt ihr euch so einfach.

SCHWARZER Paradies später, Herr! Nach Leben. Gutsein hier kann bringen mehr Paradies –
(hebt die Arme, wirft sich auf den Boden, betet laut)

PELASGOS Mein Gott, auch anderen Glaubens noch! Wie sollen wir das lösen?

MvD Ein Junge vom Dorf. Er glaubt das, was er sagt.

PELASGOS Ein Sektenprediger?

MvD Ein naiver Junge vom Dorf. Ungefährlich.

PELASGOS Mein Gott, sind wir da, auch noch Unwissenheit der Menschen aufzufangen? Wir sind nicht da, alles Elend der Welt zu verhindern. Sieh den Globus: Ein winziges Fleckchen, klein wie eine Insel in einem weiten Ozean!

MvD Der ist nicht gefährlich.

PELASGOS Aber sollten sie in Massen kommen, überschwemmen sie uns, spülen uns weg wie ein Tsunami die Bewohner einer Insel!

MvD Massen von diesem eine Katasrophe!

PELASGOS Gefahren wälzen auf uns, von allen Seiten! Was soll, was kann ich tun? Furcht befällt mein Herz. Was ich auch tue, wird falsch sein – und falsch wird auch sein, wenn nichts ich tue!

MvD Über Gerettete aus Seenot bestimmen Seegesetze.

PELASGOS Und über die Gören? Gebe ich ihrem Flehen nach, spießen mich Ausschüsse auf Paragraphen und Beschlüsse. Da gilt keine Nachsicht, Gefühle scheiden aus –. Und die Schwarzen? Bleiben sie, fürchte ich Rebellion in der Stadt! Bürger schreckt das Dunkle, unheimlich das Fremde für sie. Und fremd riechen sie an ihnen alles! Doppelt die Abkehr – Angst und ihr weißes Bürgerriechen! Werden wir sie wieder los?

MvD Wäre es nicht umgekehrt zu fragen klüger: Wie halten wir sie dort? In den Regionen ihrer Geburt, in ihrem Heimatgebiet? Sie laufen ihren Nöten davon, sobald es für sie schwieriger und gefährlicher wird –

PELASGOS Sie stapfen Gerüchten und Illusionen nach. Wie von einem Sog werden sie mitgerissen. Erst sind es wenige, schnell werden es mehr, bald sind es viele Wandernde, ohne zu fragen, wohin die Reise geht, wie der Weg zu bewältigen ist, wie lange die Wanderung dauern kann! Da waltet keine Vernunft –

MvD Müssen wir das ertragen wie einen Sommer ohne Sonne?

II
Spaß am Denkmal

MARTIN und KLAUS, zwei Jugendliche im jugendlichsten Alter, stürmen atemlos hervor, sie sind wütend über sich, aber beschimpfen die drei jungen Frauen, die schneller waren und innen in der Stadt entwischten: »Flink wie Ziegen!«, »Entwischt wie Ratten!«
Von der anderen Seite taucht SASCHA auf, der Dritte im Freundesbund. Er zerrt ASSIA, eine der drei Frauen, mit sich und präsentiert sie triumphierend.

SASCHA Die konnte ich greifen!

KLAUS Und wie stehen wir nun da?

MARTIN Gratuliere, Kamerad! Aber wir sind Drei –

KLAUS Dann machen wir's eben zu dritt. Spaß muss her nach der Jagd. Zu dritt mit der einen!

SASCHA Wie soll das gehen?
(Klaus, Martin und Sascha umringen Assia, die schreit)

ASSIA Was wollt ihr von mir, ich habe euch nichts getan!

KLAUS Du bist gut, Süße, nichts getan –

MARTIN Ihr lasst uns durch die Stadt jagen, eure Kopftücher zu bewundern! Euren bunten Röcken hinterher!

ASSIA Ich hab keinem was angetan! Lasst mich, bitte!

SASCHA Vor Papa und Mami die Kurve gekratzt … Keinem was getan?

MARTIN Ausgerissen und in der Fremde Heimat spielen?

KLAUS Wir haben null Bock auf euer Theater!

ASSIA Wir mussten fliehen, fragt die anderen!

KLAUS Ja, wo sind sie denn, die lieben Schwesterlein?

MARTIN Flink wie Ziegen davon! Verschwunden wie Rehlein im Walde!

KLAUS Nicht mit uns, wir spielen nicht Versteck-Theater!

ASSIA Was habt ihr vor, was wollt ihr von mir?

SASCHA Ist's dir immer noch nicht klar? Ich zeig dir, Prinzessin, was Sache wird! *(greift ihr zwischen die Beine)*

ASSIA Du Sau!

SASCHA Und wo nun sind die anderen beiden Schwesterlein? Drei Jungs warten hier auf euch!

ASSIA Geschwister sind wir nicht, nennen uns nur Schwestern. Aus gleichem Dorf stammen wir.

SASCHA Und du die Dorfschöne!

MARTIN Jetzt machen wir dich zur Prinzessin aus dem Orient! Die beiden anderen werden neidisch auf dich blicken! Los, Männer!

ASSIA Quatscht nicht so blödes Zeug, Jungs, lasst mich gehen!

MARTIN Erst wirst du zur Begehrenswertesten gemacht.

SASCHA Unter allen Weibern! Ich bin schon fickrig –

KLAUS Erst mal auf den Thron!

(Klaus, Martin und Sascha heben Assia ruckartig aus und tragen sie triumphierend zum Denkmal, setzen sie auf die Stufen, ASSIA schreit und kreischt, wehrt sich vergebens.)

MARTIN *(mit einer Verbeugung)* Wie es einer Prinzessin gebührt!

KLAUS Nun die Verschönerung! Die Lippen rot, das Brüstlein frei …

ASSIA Hände weg, so tut man nicht!

SASCHA Das Röcklein hoch! Die Knie auch wollen mehr sehen von der Welt!

ASSIA Pfoten weg!

KLAUS *(der sie weiter anmalt)* Und Rot auch auf die Bäckchen!

SASCHA An dir kommt kein Mann vorbei, der Anblick schon macht heiß! Sieh nur, wie er sich reckt vor dir!
(Er reißt sich die Hose auf, stellt sich vor sie.)
Stramm steht er voller Tatendrang, ungeduldig, dass das Tor sich öffne!

ASSIA Schäm dich was!

MARTIN Wir uns unserer Männlichkeit schämen? Wir zeigen, was wir haben! Wo lebst du denn?! *(öffnet seine Hose)*

ASSIA Ist's Ausverkauf bei euch oder gibt's Versteigerungen?

KLAUS Auch noch frech das Weib? *(öffnet die Hose)*

ASSIA Ich bin keine Hergelaufene, fragt den Danaos!

SASCHA Wer soll das sein?

KLAUS Der liebe Onkel, der euch herschleppte?

MARTIN Er sitzt in Hinterzimmern und verhandelt –

ASSIA Was soll er verhandeln?

MARTIN Na euch! Er macht die Preise.

KLAUS Gut, dass wir dich herausgeputzt!

ASSIA Ich bin keine Hure, bin nicht käuflich, steckt eure Schwänze weg!

MARTIN Hast du überhaupt Papiere? Zeig her!

KLAUS Wusst' ich's doch, der gute Onkel hat sie weggesteckt in seine Hosentasche!

ASSIA In eurem Büro ausgestellt mit Stempel.

MARTIN Gefälscht! Wieviel habt ihr bezahlt?

KLAUS In Büros sind alle versaut, hier wie draußen. Beamte korrupt, allesamt!

SASCHA Lang halt' ich's nicht mehr aus, jetzt leckt sie mich!
(Er fasst ihren Kopf, drück ihn nach unten, ihr Gesicht in sein Geschlecht.) Nun hol einen runter!

ASSIA Du stinkst! Ich muss kotzen –
(Sie stößt Sascha kräftig von sich, er fällt nach hinten ins Gras, sie flieht die Denkmalstufen hoch. Klaus will ihr nach, ihm rutschen die Hosen runter, er stolpert.)

MARTIN Kotz dich aus, aber nicht aufs Denkmal! So'ne Sauerei dulden wir nicht!

KLAUS Weglaufen aus magerem Leben, voll sich fressen an unseren Tischen und vor uns die Keusche spielen?

SASCHA Ich mach' dich fertig, bis du Teufel singen hörst!
(*Er fängt ihre Beine und will sie vom Denkmal zerren*)

MARTIN So nicht, Prinzessin! Wir haben Regeln und wissen, wie es sich gehört. Klaus wird dich nehmen –

SASCHA Ich hab sie gegriffen, ich hab Vortritt, Kameraden!

KLAUS Aber spuck ihr kräftig ins Loch, sonst bleibst du stecken!

ASSIA Ihr widerliches Gesindel!

SASCHA Das sagst du nicht ein zweites Mal über uns, du Miststück! Jetzt sehe ich rot! (*stürmt auf das Denkmal*)

MARTIN Stopp, Kamerad, das Denkmal wird nicht bebumst! Da versammeln sich die Alten, der vergangenen Zeiten gedenkend, manche flennen, sie ehren Tote und Helden –

ASSIA Ihr seid verdorben, mich ekelt vor euch!

MARTIN Begreifst du endlich, dass du hier nicht hergehörst?! Kameraden, beschimpfen lassen wir uns nicht, unsere Ehre nicht beschmutzen!

KLAUS Unsere Ehre ist uns heilig, kein Fremder soll hier Heimat suchen!

SASCHA (*hat sie heruntergezerrt*) Nun guckste wies Kalb nach der Geburt, was?

ASSIA Wir sind geflüchtet vor Gewalt …

MARTIN Schluss mit Leidensgeschichten, erzähl uns keinen Scheiß!

SASCHA Jetzt kommt richtig Spaß ins Programm!
(*reißt ihr das Tuch vom Kopf, knotet eine Schlinge*)
Wir knüpfen dich einfach auf hinterher–

ASSIA Danaos! *(sackt zusammen)*

SASCHA Schrei was du kannst, hier hört dich keiner.

KLAUS Wir sind ganz unter uns. Erst aber bin ich dran!
(stopft ihr Gras in den Mund, legt sie ins Gras)
Hier liegst du richtig – schrei weiter!

SASCHA Wir hängen sie, setzen ein Zeichen! Sie kann noch beten, wenn sie will –

MARTIN Und kacken, wenn sie kann!

SASCHA Aber scheiß in deine Hosen, stinken soll's hier nicht, blöde Gans!

ASSIA *(rappelt sich hoch)* Verlorene seid ihr, Fremde auf Erden –

MARTIN, KLAUS, SASCHA *(drehen sich ab, pinkeln)*

PARKWACHT, SIE und ER *(beide uniformiert, kommen gemessenen Schrittes daher; Martin, Klaus und Sascha pinkeln weiter.)*
Wir hörten Schreie, kamen die von hier?

MARTIN Wir hätten's hören müssen.

PARKWÄCHTERIN Da liegt eine Frau, mit Gras im Mund!

KLAUS Hat geweidet, verdaut –

SASCHA Hatte mächtig Appetit, kommt von weither, macht ihr Nickerchen –

PARKWÄCHTER Meine Herren, so geht das nicht, im Denkmalsbereich wird nicht gepinkelt. Und nicht gefickt. Das ist ehrwürdiges Gebiet.

PARKWÄCHTERIN Ein Ort des Gedenkens. Habt ihr kein Ehrgefühl im Bauch?

SASCHA Wir haben uns ein bisschen die Zeit vertrieben, wir hatten Spaß!

PARKWÄCHTERIN Das geht hier nun gar nicht, Jungs – herumpinkeln und Zeit vertreiben!

KLAUS Wir pissen, wann und wo wir müssen, Gnädige –

PARKWÄCHTERIN Da liegt eine junge Frau im Gras – schämt ihr euch nicht?

SASCHA Das ist unsere Prinzessin, macht ein Nickerchen. Ist sie nicht schön?

PARKWÄCHTER Angemalt wie eine Vogelscheuche!

SASCHA Es war Spiel, Zeitvertreib.

PARKWÄCHTER Wo ist euer Geschmack?

KLAUS Bewundert Schneewittchen, mal im Grünen!

PARKWÄCHTER Ein Platz zum Rummachen ist das hier nicht!

SASCHA Lasst sie träumen –

PARKWÄCHTERIN Was habt ihr denn gespielt mit ihr?

SASCHA Es hat Spaß gemacht, allen!

PARKWÄCHTERIN Ihr auch? Was habt ihr mit ihr gemacht?!

KLAUS Na ja, ein bisschen befingert. Wir wollten klar sehn, ob noch Jungfrau …

PARKWÄCHTERIN Habt ihr keine Scham, Jungs? Das macht man nicht!

MARTIN Ist's strafbar, eine Frau anzufassen?!

PARKWÄCHTER Schweinisch ist's, was ihr treibt. Und gegen die Parkregeln! Spiele dieser Art …

MARTIN Wir haben ihr nichts getan, wenn der Parkschutz das vermutet.

PARKWÄCHTERIN Ein Arzt kann das klären.

PARKWÄCHTER Ich sehe nichts an Verletzung.

PARKWÄCHTERIN Ein Arzt soll das beurteilen. Oder die Polizei!

PARKWÄCHTER Hört mal, Männer, in der Stadt wurden drei fremde junge Frauen gejagt – ist das eine von den Dreien?

MARTIN Wir verfolgen keine Frauen. Das fehlte noch.

KLAUS Mädchen laufen uns zu, Mann! Wir rennen doch nicht hinter fremden Weibern her!

SASCHA Sehen wir aus wie Jäger? Da fehlte uns schon mal das Schießgewehr! *(lautes Lachen)*

PARKWÄCHTERIN Hat die junge Frau einen Namen?

KLAUS Weib ist Weib – nach Namen fragen wir nicht!

SASCHA Polizei will sie spielen? Wir können auch anders –

PARKWÄCHTERIN Wir haben auf Ordnung zu achten im Park. Räumt das Feld! Der Park ist kein Spielplatz. Für welche Spiele auch immer!

KLAUS Im Gelände herumspazieren und dafür Geld kassieren – so'n tollen Job möchten wir mal haben!

SASCHA Leute begucken und uns Spaß versauen!

PARKWÄCHTER Noch frech? Verlasst den Denkmalsbereich! Helden und würdige Bürger werden hier verehrt, vielen Bürgern ein fast heiliger Ort.

MARTIN Kameraden, bald werden solche vor uns die Mützen ziehen!

PARKWÄCHTER Meine Herren, eine Gebühr wird fällig wegen Verletzung der Parkordnung –

KLAUS Bargeld ist knapp, Chef!

PARKWÄCHTERIN Zahlt, oder ich rufe die Polizei!

SASCHA *(mit erhobenen Händen auf die Parkwächter zu)* Madame, für ein bisschen Lebensfreude auch noch zahlen? Was haben wir schon getan? Etwas Spaß hatten wir mit ihr –

PARKWÄCHTER Nur am falschen Ort.

MARTIN Gesetzlich ist's garantiert sich zu vergnügen, wohin die Lust uns treibt.

RAINA, ZAKA *(stürzen heran, laut)* Da ist sie!

RAINA Sie liegt im Gras! Assia!

ZAKA Und Jungs! Was haben die mit ihr gemacht?! *(Schnell sind sie bei ihr, küssen und herzen sie)*

Martin, Klaus, Sascha, Parkwacht weichen erschrocken, verblüfft zurück

RAINA Die Rowdies!

PARKWÄCHTER Sind das die jungen Männer, die euch nach gingen?

ZAKA Verfolgt haben sie uns, gejagt durch Gassen …

RAINA Nur Assia erwischten sie. Wir konnten fliehen.

PARKWÄCHTER Wir sind nur auf Kontrollgang.

PARKWÄCHTERIN Erst kurz vor euch sind wir hier angekommen.

ZAKA Was haben sie mit Assia gemacht?!

PARKWÄCHTER Es gibt keine Erkenntnis unsererseits, stadtbekannte Bengel sind's auf alle Fälle!

ZAKA *(schüttelt, ohrfeigt die benommen am Boden liegende Assia, laut)* Assia, rede! Was haben sie mit dir gemacht, rede! Hörst du mich?

KLAUS Nichts ist passiert!

ZAKA Wer hat sie so zugerichtet, redet!

ASSIA *(stammelt)* Verderben denen –

SASCHA Es war Spaß. Sie hat mitgemacht.

PARKWÄCHTERIN Sind das die Jungs, die euch in der Stadt verfolgten?

RAINA Die Kleinste haben sie erwischt. Einer hat sie weggezerrt! Wir konnten entkommen.

MARTIN Es war nichts als Spaß, wir die Verlierer!

ASSIA *(hockt auf, noch schockiert)* Verderben euch –

PARKWÄCHTERIN Haben sie dich …

KLAUS Es war Spiel! Alles Spaß, sie hat mitgemacht!

PARKWÄCHTER Was sollen die Jungs schon gemacht haben?

PARKWÄCHTERIN Sie schlottert, ist bleich, schweigt – sieh hin!

RAINA Angemalt wie eine Nutte!

PARKWÄCHTER Wir sahen nicht mehr, als ihr jetzt seht.

KLAUS Quatsch, wir haben sie schön gemacht! Unsere Prinzessin im Gras!

SASCHA Unbeschädigt hockt sie im Grünen, unschuldig und munter.

PARKWÄCHTERIN Verstört ist sie!

ASSIA Ich schäme mich –

PARKWÄCHTER Sie müsste Anzeige erstatten, wenn ihr was geschehen ist. Nur dann könnte ermittelt werden.

MARTIN Gevögelt haben wir sie nicht.

SASCHA Dazu sind wir nicht gekommen, nicht einmal dazu!

PARKWÄCHTERIN Wegen nichts hockt sie geschockt und bleich im Gras?! Ein Arzt muss her!

KLAUS Nichts mit Arzt und Polizei. Wir haben nicht!

PARKWÄCHTER Sie müsste schon selbst sagen, was war.

PARKWÄCHTERIN Das kann sie nicht. Ein Arzt muss sie befragen!

KLAUS *(brüllt)* Keine Ärzte für Fremde!

RAINA, ZAKA *(fassen Assia, gehen verängstigt schweigend weg)*

PARKWÄCHTER Sie müsste schon gesagt haben, was war.

PARKWÄCHTERIN Sie kann darüber nicht reden. Sie ist geschockt.

PARKWÄCHTER Wenn die Frau nicht redet, ist die Sache für uns erledigt. Ohne Anzeige passiert nichts. Und wir können nicht mal Zeugen sein.

PARKWÄCHTERIN Noch kann sie nicht sagen, was sie erlebte.

PARKWÄCHTER Nun haut endlich ab, ihr Rotzlöffel!

KLAUS Erst setzen wir unsere Duftmarken. Das ist Brauch, Alter!

PARKWÄCHTERIN Unter Tieren –

MARTIN Wir schlagen unser Wasser ab, wo wir wollen! Gibt's dafür schon Gesetze?
(Alle drei stellen sich breitbeinig auf, öffnen in Ruhe ihre Hosen)

PARKWÄCHTER Doch nicht an diesem Ort, Jungs! Ein ungebührliches Verhalten das!

PARKWÄCHTERIN Schämt euch was!

SASCHA Sollen wir fürs Pinkeln Gebühren zahlen?

PARKWÄCHTER Ihr kommt vom Saufen, was?

KLAUS Sind wir von einer Verkehrskontrolle festgehalten?
(Großes Lachen, sie machen sichtbar die Hosen zu)

SASCHA Mit Promille im Blut ist bei uns nichts zu machen!

PARKWÄCHTERIN Vielleicht mit Drogen? Macht eure Hosen zu!

MARTIN Wir sind voll lebensfähig, Madame!

PARKWÄCHTERIN Euch fehlt jeder Anstand!

PARKWÄCHTER Rowdies seid ihr, haut endlich ab!

KLAUS Also, Behördenmann, fortschicken lassen wir uns nicht.

PARKWÄCHTERIN Geht nach Hause.

KLAUS Nach Hause schon gar nicht. Das zur Klarstellung.

PARKWÄCHTERIN Mit einer Behörde legt man sich nicht an. Das kann teuer werden, bleibt vernünftig, Jungs!

PARKWÄCHTER Verzieht euch dahin, wo ihr Vergnügen findet.

SASCHA Er schickt uns ins Bordell, Männer! So läuft das nicht, Behördenmann!

PARKWÄCHTERIN Sucht ihr Krawall? Den Frauen zeigen, dass ihr handfeste Männer seid?!

KLAUS Haben wir nicht nötig. Frauen laufen uns zu, richtige Weiber!

PARKWÄCHTER Dann belästigt keine fremden Frauen!

MARTIN Mann, wir reißen uns die Ärsche auf, die Stadt sauber zu halten – und du schickst uns ins Bordell? Das sind unsere Ordnungsmänner, Kameraden! In den Ämtern sollen sie auf Ordnung sehen!

PARKWÄCHTERIN Wollt ihr Behörden beleidigen?

MARTIN Da gibt's ein Missverständnis, Madame! Zeichen wollen wir setzen, warnen alle, die sich vor unseren Toren die Füße vertreten!

KLAUS Erschrecken sollen sie, die unangemeldet ins Land einfallen!

PARKWÄCHTERIN Und das mit einem Mädchen, angemalt als Vogelscheuche?!

SASCHA Wir waren gerade dabei, sie aufzuknüpfen.

PARKWÄCHTERIN Höre ich recht – hängen?!

PARKWÄCHTER Und das hier, am Denkmal?!

KLAUS Behörden handeln nicht, Fremde uns vom Leib zu halten.

PARKWÄCHTER Redet keinen Blödsinn, Jungs!

PARKWÄCHTERIN Hat euch der Verstand verlassen?

MARTIN Wir sagen laut, was wir für richtig halten. Und was wir denken, machen wir. Selbstbestimmte freie Bürger machen keine faulen Witze. Mit eigenen Köpfen stehen sie im Leben und weisen den Weg!

PARKWÄCHTERIN Und fordern den Staatsanwalt heraus? Denn was ihr in den Köpfen wälzt, sind Verbrechen!

SASCHA Wir schießen nicht mit Kanonen. Einzelne Taten, Aufgeknüpfte mahnen, wie es sich gehört, mit Fremden umzugehen.

KLAUS Diese Freiheit nehmen wir – und haben unseren Spaß dabei!

PARKWÄCHTERIN Euch hat der Wahn befallen!

PARKWÄCHTER Jetzt verschreiben wir euch erst einmal saftige Ordnungsstrafen wegen ungebührlichen Verhaltens und mehrerer Ordnungswidrigkeiten im Denkmalsbereich der Parkanlage … Eure Ausweise!

KLAUS Steht Pieseln ab heute unter Strafe?

MARTIN Kameraden, hier langweilt's – im »Anker« steht das Freibier auf den Tischen!

SASCHA Und richtige Weiber warten auf uns, denen man nicht erst die Beine breitquatschen muss!

KLAUS Mit offenen Beinen bespringen sie uns wie gierige Katzen! Die Herrschaften vom Parkamt sind dazugeladen!

PARKWÄCHTER Schweinekerle, versaut und verdorben!

MARTIN Zu lang schon haben wir uns zurückgehalten. Auf, Männer, ans freie Bier! *(grölend-singend ziehen sie ab)*
In der Heimat, in der Heimat
da ist es wunder-wunderschön!
In der Heimat, in der Heimat
gibt's immer ein Wieder-wiedersehn!

PARKWÄCHTER Das sind Jungs von uns? Was haben wir falsch gemacht? Keiner rückte seinen Ausweis raus –

PARKWÄCHTERIN Sie sind verloren. Mir wird Angst.

PARKWÄCHTER Sie sehen nicht wie die Henker von gestern aus. Sie reden sich nur groß.

PARKWÄCHTERIN Sind aber gefährlich! Wir sollten's laut sagen, machen Meldung. Sie waren bei Verstand und nicht im Suff!

PARKWÄCHTER Bringt uns nur Schererein. Wir haben nichts in der Hand, nicht einmal etwas gesehen!

PARKWÄCHTERIN Willst du Blut sehen?! Was geschah mit der jungen Frau? Sie wollte es nicht aussprechen – konnte es nicht, was sie erleben musste – aus Scham! Wir machen Anzeige!

PARKWÄCHTER Diese Rotzlöffel! Vielleicht war wirklich nichts passiert? Ordentliche Geldstrafen brummen wir ihnen auf! Das wirkt.

PARKWÄCHTERIN Wir informieren die Polizei, zeigen sie an.

PARKWÄCHTER Wir halten uns da besser heraus. Geldstrafen bringen die Rotzlöffel eher zur Vernunft.

PARKWÄCHTERIN Welcher Vernunft?

PARKWÄCHTER Solange unser Park nicht zur Vogelwiese wird.

POLIZISTIN *(bringt Danaos, lässt ihn etwas abseits warten)* Den griffen unsere Leute. Er trieb sich in den Gassen herum. Wir können wenig anfangen mit ihm. Er behauptet, Mädchen hierher gebracht zu haben.

PARKWÄCHTER Mädchen? Waren es vielleicht junge Frauen?

DANAOS Drei Mädchen meiner Heimat!

PARKWÄCHTER Ja, drei fremde Frauen waren hier –

DANAOS *(ruft laut in alle Richtungen)* Meine Mädchen! Mädchen, wo seid ihr?

III
BEHÖRDE

BEAMTIN, ASSISTENTIN, ASSIA, RAINA, ZAKA
Es wird Kaffee/Tee gereicht.

BEAMTIN Ist es das, wofür ihr hunderte, ja tausende Kilometer durch Landschaften und Länder gekrochen, geklettert, vielleicht durch Flüsse geschwommen seid? War das der Mühen und Entbehrungen wert?!

ASSISTENTIN Ihr seid in keinem Paradies gelandet. Hässlich habt ihr es erfahren: Das ist nicht ein Ort der Träume!

BEAMTIN Viele hilfsbereite Menschen empfangen Geflüchtete, aber auch Rüpel erwarten euch! Jugendliche, die sich austoben, die sich vergreifen! Sie mögen euch nicht, wollen keine Fremden im Land. Und viele Köpfe nicken ihnen zu. Wir sehen das.

ASSIA Sie haben mir wehgetan.

BEAMTIN Zu dulden ist das nicht. Das wissen wir. Straftaten bestrafen wir.

ASSISTENTIN Es waren Flegel im jugendlichen Übermut. Rüpel, wie es sie überall gibt. Da passiert manches. Aber so richtig passiert war doch nichts?

ASSIA Sie haben es absichtlich getan.

BEAMTIN Ihr habt anderes ertragen. Was habt ihr nicht alles durchmachen, aushalten müssen auf eurem Weg hierher! Hunger und Durst getrotzt, dem Wetter die Stirn geboten, Gefahren überstanden – ihr habt Übermenschliches geleistet!

ASSISTENTIN Täglich haben wir Bilder vor Augen mit menschlichem Elend in vielen Regionen unserer Erde, über schreckliche Not von Flüchtenden!

BEAMTIN Wir leiden mit, die meisten unserer Menschen leiden mit den von Elend und von Not gezeichneten Menschen.

ASSISTENTIN Lange halte ich Bilder von Gestrandeten nicht aus. Dem Elend sieht man ungern ins Gesicht.

BEAMTIN Es schmerzt unsere Bürger, sie leiden mit. Und sie räumen Truhen, Kommoden und Schränke! Die Annahmestellen für Schuhe und Kleidung füllen sich täglich mehr und mehr – Menschen in Not und Armut helfen ist Herzenssache! Die Bürger spenden viel – auch Geld fließt.

RAINA Die Jugendlichen haben uns misshandelt …

BEAMTIN Und ihr wollt nicht nochmals in ihre Hände fallen! Da fühlen wir mit euch. Vieles verstehen sie ja als Spaß, sich zu zeigen als richtige Männer. Uns gefällt das keineswegs. Aber was können wir tun? Sie leben hier.

ASSISTENTIN Sie toben sich aus, denn Arbeit ist nicht für jeden da!

ZAKA Es sind Rowdies.

ASSISTENTIN Das einfachste wäre, ihr kehrt um! –

RAINA Umkehren geht nicht.

BEAMTIN Ihnen aus dem Weg, es wäre das beste für alle, zurück in die Heimat!

ZAKA Das geht überhaupt nicht.

BEAMTIN Was immer euch widerfahren ist, in welche Not ihr auch geraten seid – versteht auch uns: Beschlossen ist, keine Fremden mehr aufzunehmen. Die Stadt ist voll, übervoll!

ASSISTENTIN Und wir, zuständig geworden für Gestrandete wie euch, sind behördlich in der Pflicht, Beschlossenes umzusetzen, uns an Beschlüsse zu halten – auch wenn das menschlich gesehen, auch uns, schmerzt.

RAINA Es gibt kein Zurück für uns. Und weiter geht nicht.

ASSIA Helft uns, bitte!

BEAMTIN Was die Bürger in Mehrheit beschlossen haben, bleibt gültiger Beschluss. Da hilft kein Flennen und Flehen.

ASSISTENTIN Ihr müsst den Weg zurück nicht laufen, nicht darben, nicht schwitzen, nicht leiden in Kälte!

BEAMTIN Wir helfen euch, sehr, auch für einen Anfang vor Ort.

RAINA Wir sind nicht geflohen mit der Hoffnung, zurückkehren zu können. Auf uns warten keine Familien, die uns umarmen.

BEAMTIN Hier ist nicht der Ort, in dem ihr Heimat findet.

ASSIA Männer sind hinter uns her, wir suchen Schutz!

BEAMTIN Männer? Ist's nicht auch beglückend als junge Frau, begehrt zu werden?

Die Mädchen senken die Köpfe, sie schweigen.

ZAKA Was auf uns wartet, ist tötende Gewalt.

BEAMTIN Ihr wollt uns zwingen, Bleibe euch zu verschaffen? Aber ich sage es nochmals, Gremien und Rat haben beschlossen, keine Fremden mehr aufzunehmen. Unsere Stadt ist überfordert!

RAINA Wir hörten es. So wird laut gesagt.

BEAMTIN Den Bürgern gefällt nicht immer, was beschlossen wird, aber sie halten sich daran! Ihr wollt doch unsere Ordnung nicht infrage stellen?

ASSISTENTIN Der Stadtobere selbst, gewählt zum Amt, kann nicht tun, was er möchte. Demokratie ist nicht immer leicht zu ertragen, keinesfalls umsonst zu haben, für alle! Verzicht ist angesagt.

RAINA Bei euch sind Frauen vor Gewalt geschützt. Assia wurde gequält von Rowdies –

BEAMTIN Die Parkwacht konnte keine Verletzung, keine Zeichen körperlicher Gewaltanwendung feststellen. Als Verstöße gegen die Parkordnung wurden die Rüpel mit Geldstrafen ordentlich bestraft!

ASSIA (*stotternd*)
Sie wollten mich …

ASSISTENTIN Hab dich nicht so!

BEAMTIN Was den einen schmerzen kann, vergnügt den anderen. So ist Leben. Weiber haben auszuhalten, was Männer erfreut.

ZAKA Wir hörten auch andere Stimmen aus eurem Land.

ASSISTENTIN Sicher, und ihr habt von zärtlichen Prinzen geträumt! Anders nun ist die Wirklichkeit. Jungs sind rowdyhaft in ihrer Pubertät.

RAINA Träumen sind wir nicht nachgelaufen. Und Gewalt war uns nicht fremd – nur haben wir keine bei euch erwartet.

ZAKA Sie verfolgten uns, haben gezerrt, gestoßen …

RAINA Und was mit Assia gemacht?!

ASSISTENTIN Was suchtet ihr auch in dunklen Gassen?

ZAKA Geschehen im Sonnenlicht!

BEAMTIN Wir haben lernen müssen, gewaltlüsterne Jugend zu begreifen. Ein Überschuss entwickelter männlicher Kraft sucht sich Bahnen. Das spricht für eine gesunde, zukunftsträchtige Männlichkeit. Wohin damit in der Pubertät? Sie spielen nur mit Mädchen.

ASSIA Es war kein Spiel.

BEAMTIN Hört mal, Natur wirkt im Menschen. Dieser Kraft ist man sich nicht immer bewusst, besonders während der eigenen Entwicklung. Und schwer ist es für kräftige, gesunde Jungs, sich zu beherrschen und zu lenken. Sie werden zu unüberlegten Tätlichkeiten, zu grobem Unfug getrieben! Nicht selten werden sie Opfer ihrer eigenen Entfaltung.

RAINA Opfer waren nicht sie.

BEAMTIN Das ist keine Entschuldigung für Flegelei'n und keine Minderung der Belästigungen von Frauen. Und keine Rücknahme von Gewalttätigkeit – falls diese vorgekommen sein sollte.

ASSISTENTIN Die Jungs wollen einfach nicht ertragen, dass ihr anders seid. Aber aus Flegeln von heute werden Männer von morgen. Und sie leben hier.

BEAMTIN Ihr wollt solchen im Jugendalter nicht wieder begegnen? Wir zeigen volles Verständnis. Erkennt das als wohlgemeinten Rat: Geht zurück in die Heimat.

ZAKA Diese Heimat gibt es für uns nicht mehr.

ASSISTENTIN Nur weil ihr vor dem künftigen Ehemann geflüchtet seid?

BEAMTIN Heimat ist Heimat, Heimat bleibt sie immer. Eine Bleibe auf Dauer kann es für euch hier ohnehin nicht geben.

ZAKA Wir suchen Schutz, keine Bleibe.

BEAMTIN Einen Schutz, den ein ausgewählter Ehemann zu Hause nicht geben kann?!

RAINA Dieser Verheiratung sind wir entflohen!

ASSISTENTIN Und die Brautmänner laufen euch jetzt nach, schicken Verwandte nach euch? Das nenn' ich Liebe!

RAINA Männer der Familien nehmen den Ehrverlust nicht hin.

BEAMTIN Das ist verständlich: Ihr habt sie lächerlich gemacht! Männer, denen die Bräute weglaufen! Und Väter, die ihre Tochter im Haus nicht halten können!

ZAKA Nie mehr werden wir dort umarmt.

ASSISTENTIN Warten Strafen? Kräftige Ohrfeigen habt ihr ja verdient, die heiratsversessenen Burschen einfach sitzen zu lassen!

RAINA Ihr wisst wenig von Sitten in fernen Ländern – wir wurden verheiratet.

BEAMTIN Zurück in Vaters Haus, werden sicher alle kommen, euch in die Arme zu schließen.

ASSISTENTIN Oder habt ihr Schlimmeres ausgefressen?

BEAMTIN Für die Brauteltern reicht es ja, wenn die Ehe platzt. Viel Geld wurde ausgegeben, alles zu besorgen, ein großes Fest zu begehen! Es muss auch beschämend sein, die Geladenen auszuladen.

RAINA Wir wurden sehr früh dem Mann bestimmt, mit dem wir leben sollten, mit dem wir unsere Kinder haben sollten! Wir waren noch Babies.

ASSISTENTIN Ist das nicht irrig und gegen alle Natur?

ASSIA So ist es der Brauch. Seit alters her kann unter Familien abgesprochen werden ...

ASSISTENTIN Weiß man denn, ob die Tochter gesund oder verunstaltet sich entwickelt, ob sie schön oder hässlich wird?

BEAMTIN Auch in unseren Ländern wurden früh Paarungen ausgehandelt, aber es ging um Fürsten- oder Königskinder, um Macht und Erbfolge, um Ländereien und Titel – heute sprechen sich Familien ab, um Besitz und Vermögen zu halten, möglichst zu erweitern!

ASSISTENTIN Irrig auch das. Aber die Töchter sind längst flügge, und meist kennen sich die künftigen Partner und willigen in Händel der Eltern und Familien ein – und sind auch schon beieinander!

ZAKA Auf sowas steht der Tod. – Ist eine Ehe vom Familienrat festgelegt, so gilt das unabänderbar wie bei euch ein Beschluss.

RAINA Das Beschlossene lastet auf einem Mädchen wie ein Götterspruch!

ASSIA Oder wie ein Fluch! Dem man sich nicht entgegenstellt, der getragen wird ein Leben lang!

ASSISTENTIN Wir ändern Beschlüsse, wenn es sich als vorteilhaft erweist.

ZAKA Wir brechen Gesetze, wenn wir uns nicht an Regeln und Bräuche halten!

RAINA Wir brachen Gesetze!

BEAMTIN Übertreibt's nicht. Es gibt Menschenrechte, für jeden Menschen, sogar für Frauen gültig! Lange hat die Zivilisation darum gerungen. Ihr habt doch Lesen gelernt, konntet euch informieren über diese Rechte – und sie in Anspruch nehmen!

ASSIA Wo? Der Schatten, vergeben zu sein, lastete wie ein Götterurteil auf uns. Wir trauten uns nicht.

RAINA Und wurden erzogen in Angst vor göttlicher Strafe! Die Mütter legten sie ins kindliche Herz, wie Blei senkte es sich ein – die Väter wachten streng, das Festgelegte einzuhalten.

ASSISTENTIN Ich begreif das nicht: Eure Körper reiften, wie Natur es befahl – was zählen da wachsame Eltern, Argusaugen der Verwandten? Was wiegen Sprüche aus dicken Büchern von Anstand und Moral – wenn der Körper erwacht und mit voller Kraft seine Bedürfnisse anmeldet?

ZAKA Viele fühlen sich geborgen im Wissen, wohin ihr Leben geht, geben sich zufrieden, dass über sie bestimmt wurde, sie bewacht werden und nicht selbst ihren Weg finden und verantworten müssen.

RAINA Über sie weht ein Hauch von Glückseligsein, abgesichert vor Unwägbarem des Lebens und Gefahren des Alltags – eben unter Schutz und in Sicherheit.

ASSISTENTIN Auch Überraschendem, Neuem fern zu bleiben? Das ist nicht meine Lebensart, ich begreife das nicht.

ASSIA Das will nicht begriffen werden, das will befolgt sein. *(nach längerem Schweigen)* Wir wehren uns.

ZAKA Gebt Zuflucht uns, Schutz vor veralteten Sitten!

RAINA Wir brachen Traditionen, wir sind Gesetzesbrecherinnen.

BEAMTIN *(nach langem Bedenken)* Ihr macht hilflos uns in unserer Hilfsbereitschaft. Was euch quält, ist nicht an unsercm Behördentisch zu klären. Und nicht von den Helfenden! Seht auch unsere Gesetze, begreift das wenige, was wir tun können als Nothilfe: zu lindern die Mängel, in die eure Flucht euch brachte. Die Ursachen eurer Flucht zu beheben sind wir nicht in der Lage. Das muss in euren Heimatländern angegangen werden – von euch! In euren Familien, euren Stämmen! *(erhebt sich langsam, bleibt nachdenklich stehen)*

ASSISTENTIN Die euch jagen, werden müde und nehmen euch wieder in ihre Arme! Es sind keine Götter, die fluchen!

BEAMTIN Folgt unserem Rat. Bereitet euch auf die Rückkehr vor. Und kämpft zu Hause!

ZAKA Das geht nicht!

ASSISTENTIN Ihr sollt ja nicht zurückwandern, laufen durch Sand, durch Wildnis stapfen. Wir setzen euch in einen Flieger, ringsum blauer Himmel mit weißen Wölkchen – ein Erlebnis! Und ein Frühstück, serviert im All! Das vergisst man sein Leben nicht.

ZAKA Wir setzen uns in kein Flugzeug. Wir verzichten auf das Frühstück.

ASSISTENTIN Wollt ihr wieder laufen?

ZAKA Lass die Witze. Sperrt uns ein!

BEAMTIN Einsperren? Wovon redest du? Ihr habt nach unserem Rechtsverständnis nichts verbrochen. Für's Einsperren gelten strenge Regeln! Eh' sich ein Gefängnistor öffnet, müssen Beweise her!

ASSISTENTIN Daran habt ihr nun nicht gedacht, an die strengen Regeln der Justiz, was?! Am besten, ihr bringt die Opfer vors Gericht. Praktischer ist's, ihr prügelt euch mit einem Polizisten – gleich wird eine Zelle frei!

BEAMTIN Ihr wollt nicht zurück – wir begreifen: zu Hause wartet ein gekränkter, in seiner Ehre verletzter Vater, dem die Tochter aus seiner Obhut davonlief, ohne zu winken! Sein Ansehen ist dahin. Ich verstehe eure Scheu, vor ihm wieder aufzutauchen.

ASSISTENTIN Und daneben steht ein blamierter Bräutigam! In unseren Familien machten sie auch spöttische Gesichter, wenn die Braut dem künftigen Ehemann kurzerhand entfloh, um sich möglicherweise mit dem bisherigen Freund noch einmal ins Bett zu legen!

ZAKA Das wäre ihr Tod –

BEAMTIN *(setzt sich erneut)* Hochzeitsfeste gehen doch über Tage, die Feier war also voll im Gange, und ihr habt euch so einfach aus dem Staub machen können?

RAINA Danaos, der Ziegenhirt, führte uns bis vor diese Stadt.

BEAMTIN Aber wie ungesehen konntet ihr verschwinden aus der Hochzeitsgesellschaft? Ihr wart der Mittelpunkt! Mit viel Mühen war alles bereitet und alle warteten auf den Vollzug der Ehe – der nicht stattgefunden hat, wie ihr behauptet?!

ASSIA Wir lügen nicht.

BEAMTIN Und wir möchten Klarheit! Waren denn alle volltrunken?

ASSISTENTIN Auch die Brautmänner der Trunkenheit erlegen? Dann war es leichtes Spiel, die Burschen zu täuschen. Oder wie konntet ihr sie euren Leibern fernhalten?

ASSIA Uns war nicht nach Spielen.

ASSISTENTIN Wie habt ihr es denn angestellt, die Jungs nicht in euer Bett zu lassen – sie waren doch gierig, euch endlich in Besitz zu nehmen!

ASSIA Drin, im Bett, waren sie schon – aber sie kamen nicht wieder heraus.

BEAMTIN Habt ihr sie lahmgeprügelt, festgebunden? Oder sackten sie, volltrunken wie Gäste und Familie, zusammen und schliefen ein auf wohligen Fellen? Was geschah am Ort der Freude?

RAINA Es war kein Ort der Freude.

ASSISTENTIN Was dann, was habt ihr getrieben?

BEAMTIN Es wird viel getuschelt von lächerlichen, auch peinlichen Vorfällen in Hochzeitsbetten – von Krämpfen, Erbrechen, Atemnot ... auch von Herzversagen in wilder Lieberei!

ASSISTENTIN Aber aus den Betten kamen doch alle wieder lebend heraus?! Mich schaudert, in einer Liebesnacht mir Schlimmes vorzustellen.

ZAKA Kein heißes Liebesspiel raffte die Männer dahin –

BEAMTIN Sie starben?!

ZAKA Eine jede von uns hat den ihr Zugeführten getötet.

ASSISTENTIN Ihr habt die Burschen umgebracht?!

ASSIA Getötet –

ASSISTENTIN Mit dem Dolch? Oder mit dem Beil? Gleich in Stücke gehackt? Erzählt uns keinen Scheiß!

ZAKA Ein Beil benutzte keine von uns.

BEAMTIN Ich lauschte meiner Großmutter ganz gebannt, wenn sie Schauergeschichte erzählte, aber von euch höre ich Märchen, erfunden, um Schutz zu finden! Das ist Erpressung!

RAINA Wir haben alte Bräuche gebrochen. Es gab nur diesen Weg.

ASSIA Die Töchter der Danaiden taten es auch!

ASSISTENTIN Wer sind denn diese?

BEAMTIN Wollt ihr uns mit dunklen Taten voller Grausamkeiten drohen, um reif fürs Gefängnis zu sein? Dann zeigt die Mörderhände, streckt sie vor! *(Sie strecken die Hände vor)* Zu sanft, zu schön, um töten zu können! Ihr tischt uns hier Geschichten auf.

ASSIA Zu schwach die Arme, ein Schwert zu führen? Wir haben die Leben der Männer ritterlich ausgelöscht!

ASSISTENTIN Mit einem Schwert? Und die jungen Burschen konnten sich nicht wehren, hatten keine Schilde bei sich, haben sich nicht verteidigt?!

ZAKA Es waren keine feurigen jungen Männer, es waren Alte –

RAINA Sie waren dabei, die zwischen den Familien vor Jahren ausgehandelte und festgelegte Verheiratung der Tochter einzulösen, ihre nun zustehenden männlichen Rechte in Anspruch zu nehmen!

ASSISTENTIN Alte Männer?! Ich hätte mich kaum anders zur Wehr gesetzt, würde ich gezwungen sein, mit einem Mann das Bett ein Leben lang zu teilen, den ich nicht kenne, dem ich als Baby zugeordnet wurde, und der alt ist! Das ist eine Ungeheuerlichkeit für eine junge Frau!

RAINA Es leben uralte Gewohnheiten fort –

ASSISTENTIN Ein Kind in eine Ehe binden, wenn es von geschlechtlichen Verlangen einer Frau nichts ahnen, nichts fühlen, nichts wissen kann? Wie soll ein Mädchen zum Lieben reifen, wie sollen in ihr Fähigkeiten und Kräfte wachsen und gedeihen, um Partnerin in einem ehelichen Miteinander zu sein?! Ich versteh' die Alten nicht –

ZAKA Sie hatten anderes im Sinn, als eine Partnerin neben sich zu haben!

MANN VOM DIENST *(überraschend dazu)* Die Wirklichkeit zwingt, anderes zu besprechen als über Ehebindungen in einer uns fernen Welt herzuziehen!

BEAMTIN Was drängt? Abenteuerliche Geschichten haben wir hier gehört!

ASSISTENTIN Drei Mordgeschichten!

BEAMTIN Es überfordert uns, mit möglichen Mörderinnen umzugehen.

ASSISTENTIN Wir sind nicht die Mordkommission!

ASSIA, RAINA und ZAKA *stehen erschrocken auf und verziehen sich.*

MvD Die Stadt muss die drei jungen Frauen verkraften, auch wenn Gremien und Bürger anders denken.

ASSISTENTIN Drei Mordgeschichten stehen im Raum! Freiwillig gehen die nicht zurück!

MvD Wir hatten Krawall auf dem Markt! Es gibt Ärger mit den Schwarzen! Sie prügelten sich!

BEAMTIN Die Schwarzen auf dem Markt?

ASSISTENTIN Schlafen die nicht auf dem Schiff?

MvD Längst herunter –

BEAMTIN Heraus aus den wärmenden Decken? Wie das?

MvD Sie waren sicher verpackt unter Deck. Aber kaum ausgeschlafen, kletterten sie hervor. Die Besatzung konnte sie nicht halten oder wollte nicht! Im Glückstaumel tanzten sie auf Deck und herunter vom Schiff!

BEAMTIN Und sie tanzten weiter bis auf den Markt? Das gibt's doch nicht!

MvD Zunächst betraten zwei, zögernd noch, das Deck. Bald folgten neugierig die anderen. Alle staunten, was sie umgab – und sie lachten, umarmten sich, sprangen hoch im Jubel!

BEAMTIN Und am Kai Bürger? Wo blieb die Sicherheit? Ich seh nicht durch.

MvD Immer mehr Bürger kamen, manche tanzten mit, alle teilten die Freude der Geretteten!

ASSISTENTIN Herrlich, ich hätte mitgetanzt.

BEAMTIN Mit Schwarzen?

MvD Sie tanzten ihr Freisein! Sie hatten es geschafft, waren lebend aus dem Wasser gezogen worden, standen auf unserem Boden!

BEAMTIN Aber wie kam es zum Krawall auf dem Markt?

MvD Es begann vorher. Als die Zwölf tanzend und singend sich dem Hafentor genähert hatten, erwarteten sie dort Jugendliche mit Pfiffen und Gejohle, untereinander eingehakt versperrten sie den Ausgang in die Stadt!

ASSISTENTIN Und die Schwarzen tanzten und sangen weiter, fröhlich in ihrer Art?

MvD Schon, aber bald flogen Tomaten, faule Äpfel!

BEAMTIN Auch Steine?

MvD Die Schwarzen fackelten nicht lange, sie bahnten sich mit Fäusten ihren Weg in die Stadt – alles gesunde, kräftige Kerle! Bis dahin hielten wir das unter Kontrolle. Aber eingangs des Marktes entbrannte die Prügelei ungezügelt!

BEAMTIN Wo blieb die Polizei?

MvD War schnell zu Stelle, griff sofort energisch ein, prügelte mit! Die Randalierer wurden festgenommen, bald saßen alle in den vergitterten Einsatzwagen.

ASSISTENTIN Unsere Jungs?

MvD Die Schwarzen. Alle Zwölf. Gute Arbeit der Polizei!

KAPITÄN *(erregt, mit schnellem Schritt hinzu)* So geht das nicht, Leute! Bürger sind aufgebracht, die Polizei habe die Falschen weggefahren! Die Bürger verlangen Aufklärung, sie rufen nach Gerechtigkeit.

MvD Wieso die Falschen?

KAPITÄN Unsere Jugendlichen hätten die Schlägerei begonnen! Drei Rowdies, die fremde Frauen gejagt hatten, erkannten sie an der Spitze der tobenden Menge!

BEAMTIN Die Sache am Denkmal ist erledigt. Die Jungs erhielten Strafen. Zureichend!

KAPITÄN Von der Parkwacht!

ASSISTENTIN Saftige Geldstrafen –

KAPITÄN Dass ich nicht lache!

BEAMTIN Junge Männer jagen nun einmal interessant aussehende junge Frauen – das ist die Ordnung der Natur!

ASSISTENTIN Wieso kamen die Schwarzen überhaupt vom Schiff herunter, Käpt'n?

KAPITÄN Die Besatzung war nicht in der Lage, sie zu stoppen. Sie gönnte den Geretteten offenbar einen ersten Gang in die Stadt!

MvD Sie hätten zuvor registriert werden müssen. Auf dem Markt hatten wir dazu keine Möglichkeiten mehr. Wir hielten das

Geschehen nicht unter Kontrolle, ein Durcheinander wie auf einem Frühlingsfest!

KAPITÄN Aber eine Schlägerei auf öffentlichem Platz? Bürger sind erregt, wollen hören, wer die Schwarzen hinderte, durch's Hafentor zu gehen. Das braucht Aufklärung!

BEAMTIN Waren die Jungs vom Denkmal überhaupt dabei?

KAPITÄN Und weitere solcher Rowdies!

MvD Also nicht nur die uns bekannten Bengel? Auch später auf dem Markt – andere griffen mit zu?

KAPITÄN Viele Bürger sind empört, dass nur Schwarze abgeführt wurden. Rufe nach schärferer Bestrafung jugendlicher Rowdies wurden laut. Schließlich formierten sich einige ältere Bürger, und die Ältesten nahmen das Wort.

BEAMTIN Eine Rebellion?

KAPITÄN Behörden wurden ihrer Laschheit wegen kritisiert –

MvD In einer nicht erlaubten Versammlung?!

BEAMTIN Hatte die Polizei das nicht im Griff?

KAPITÄN Die war in der Schlägerei selbst verwickelt gewesen. Aber übler war anzuhören, wie Jugendliche freimütig, ja stolz berichteten! Einige prahlten vor den Bürgern, die Schwarzen ordentlich verhauen zu haben – mit der Polizei im Rücken!

BEAMTIN Die Schwarzen verdienten die Prügel, was wollen die auch hier?

KAPITÄN Das empfinden viele der Bürger ganz anders. Ihr Unmut wuchs, richtete sich zunehmend gegen Behörden. Sie forderten die Rücknahme der verhängten läppischen Geldstrafen und – ziemlich aggressiv – eine neue Festsetzung wirklicher Strafen.

BEAMTIN Was erlauben sich die Alten?!

KAPITÄN Sie fordern sofortige Freilassung der Schwarzen!

ASSISTENTIN Und die marschieren nun singend in der Stadt herum?!

KAPITÄN Bürger zeigen Charakter – das ist neu in der Stadt! Sie wollen mitwirken, verschaffen sich Einfluss. Das macht Mut!

ASSISTENTIN Was ist neu daran?

KAPITÄN Dass sie es tun – nicht nur reden! Dass sie Charakter zeigen, mutig zu werden!

BEAMTIN Mitwirken konnten sie in den dafür gebildeten Gremien schon immer!

KAPITÄN In zunehmender Zahl waren Bürger zusammengekommen. Aufgebracht alle. Sie fragten die Umstehenden, die Zeugen gewesen waren, nach dem Hergang, suchten Antworten auf das Geschehene, wollten es begreifen. Jeder konnte, ja sollte sagen, was er gesehen, erlebt hatte. Es wurde viel diskutiert, auch gelacht.

MvD Und das in offener Öffentlichkeit?!

KAPITÄN Auf dem Markt, eine Art Volksversammlung! Bürger mutig und ohne Ängstlichkeit! Das war neu! So muss es in antiker Welt zugegangen sein!

MvD Es rüttelt die Ordnung durcheinander, wenn auf Markt oder Straße über Vergehen und Strafmaßnahmen befunden wird, Behörden verlacht werden!

BEAMTIN Und Alte führten das Wort?

ASSISTENTIN Die Alten spielen sich auf, über Jugend zu urteilen? Greise sind heutiger Welt kaum gewachsen! Und Schwarze schlendern nun vergnügt durch unsere Straßen?

KAPITÄN Eher in Ängsten. Aber frei sind sie inzwischen.

MvD Und wie stellen sich nun die Alten die Bändigung unserer Jugendlichen vor, was für praktisch machbare Gedanken haben sie?

KAPITÄN Sie suchten nach Ursachen, benannten Gründe verschiedener Art, beeindruckten mit nüchternem Denken. Die Ältesten zeigten sich als kluge Köpfe, was sie vorbrachten, wurde von den Umstehenden mit Zustimmung, ja Beifall aufgenommen! Jüngere zogen den Hut.

BEAMTIN Was aber kam heraus? Wie kann es besser gehen, Jugend an Auswüchsen und Fehlverhalten, wie geschehen, künftig zu hindern?

ASSISTENTIN Und was ist der Rat der klugen alten Köpfe?

KAPITÄN Die Strafen zu erweitern, auf erzieherische Wirkung zu achten! Denn viele der Jugendlichen seien einfach versaut –

BEAMTIN Unsere Kinder versaut?!

KAPITÄN Ihnen fehle Achtung vorm Menschsein.

ASSISTENTIN Was soll denn das heißen?!

BEAMTIN Mit Gefängnisstrafen zu besseren Menschen machen?

KAPITÄN Ein Gefängnis erzieht keine Menschen! Es bildet, kultiviert nicht. Aber Fähigkeiten zu lernen, die sie verloren – oder nie besaßen! – andere in ihrer Art anzuerkennen und zu achten, sollten sich durch kluges Strafen einstellen und entwickeln. In Arbeitsverrichtungen zusammen mit anderen Menschen, in praktischer gemeinsamer Arbeit erfahren sie, gebraucht zu werden, helfen anderen, sich auf Mitarbeitende zu verlassen und verlassen zu müssen – vor allem wohl auch, bescheidener zu sich selbst zu werden, sich selbst und sein eigenes Können, seine eigenen Fähigkeiten angemessen zu erleben … Das war, was ich aus den Disputen der Alten mitnahm.

ASSISTENTIN So ein Quatsch! Jugendliche haben Ausbildung oder Schule oder beides zugleich. Wann und wo sollen sie noch körperlich schuften?

KAPITÄN *(liest)* »... im öffentlichen Bereich zum Nutzen der Bürgerschaft.«

BEAMTIN Aber realere Vorstellungen haben sie nicht? Die Alten haben keine Ahnung vom Arbeitsmarkt!

KAPITÄN *(liest)* »Unterbringen in ein städtisches Gemeinschaftshaus, Weiterführen von Schule und Lehre ...«

ASSISTENTIN He, etwa Schulstress mit körperlicher Schufterei unter Aufsicht von Gefängniswärtern?!

MvD Es wäre nicht das erste Mal, dass sich eine Gemeinschaft gegen räudige Mitglieder mit Arbeitsauflagen wehrt –

BEAMTIN Mit Zwang zur Arbeit?

ASSISTENTIN Schule und Arbeiten verkraften unsere Jugendlichen nicht!

KAPITÄN Mir scheint es erfolgversprechender, als Rowdies auf sonnige Inseln zu verfrachten und ihre Änderung aus der Wahrnehmung der dort gemeinschaftlich lebenden Bevölkerung zu erwarten.

BEAMTIN Das sind verordnete Kuren, um Natur zu erleben und von einem Inselvolk zu lernen, wie es geht. Das sind Heilverfahren, keine Ferienaufenthalte in sonniger Natur!

ASSISTENTIN Körperlich arbeiten – das geht überhaupt nicht. Körperlich haben die Jungs nichts drauf. Sie können mit Schaltern, Tasten und Knöpfen, schwer mit Werkzeug umgehen. Alles, was sich technisch und elektronisch bewegen lässt, meistern sie! Sie arbeiten mit dem Kopf – so wird heute Leben bewältigt, die Welt bewegt!

BEAMTIN Kann man denn ernst nehmen, was Alte sich ausdenken und der Jugend zumuten? Die Jungs treiben Sport, hocken nicht immer herum oder machen Unfug! Es sind unsere Kinder, um die es hier geht, wir kennen sie und sorgen uns um sie! Wir stecken sie doch nicht in Arbeitshäuser! Mir verhaut's die Sprache.

MvD Erziehung in Lagern war.

BEAMTIN Nur Greise erinnern sich, Menschen zu Ertüchtigung und gesunder Entwicklung in Arbeitsbaracken zu stecken!

KAPITÄN Körperliches Arbeiten könnte wirksam sein, missratene Jugend zur Erlangung menschlichen Verhaltens zu bringen! In medizinische Einrichtungen gehören Kranke!

MvD Wenn Seeleute wissen, wie man Rowdies zur Vernunft bringt, sollten sie bei ihrem Ausfahren immer eine Handvoll Lausejungen zum Fischefangen mitnehmen!

KAPITÄN Wäre da Platz! Ein guter Gedanke, sie mit Schiffsleuten arbeiten zu lassen! Auf engstem Raum leben zu müssen, ihre Ruhepausen gemeinsam zu verbringen, hohem Seegang standzuhalten, Stürme zu überstehen – es könnte kaum bessere Lern- und Erfahrungsmöglichkeiten geben! Wir würden zwei Hände voll an Bord nehmen, wäre Platz!

BEAMTIN In Stürme und in Lebensgefahr schicken wir unsere Kinder nicht! Wir kümmern uns.

ASSISTENTIN Wir stoßen sie doch nicht ins tosende Meer, um zu lernen, mit Fremden verträglich umzugehen!

KAPITÄN So aber könnte etwa ein Weg sein, räudige Jugend in zivilisatorisches bürgerliches Verhalten zu leiten, zur Mitmenschlichkeit!

ASSISTENTIN Wir in den Behörden bringen viel Geduld und Einfallsreichtum auf, um biologisch bedingte Rüpelphasen unter

Kontrolle zu halten. Wir sind angewiesen, nichts auswuchern zu lassen. Wir hören uns ruhig täglich starke Wörter, prahlerische Reden an, übersehen Großschnäuzigkeit, ja ertragen freche Beleidigungen! Wir stecken es einfach weg!

BEAMTIN Sie wollen auffallen, sich hervortun, sich bestätigen und mehr sein, als sie sind und sein können in dem Alter. Aber so entwickeln sich Persönlichkeiten, sie zeigen Kreativität und Behauptungswillen! Wollen wir das in Verruf bringen, gar mit körperlichen Arbeiten ausmerzen?! Wir brauchen künftig mehr ausgereifte Individuen!

KAPITÄN Aber keine Schläger – wie sie großfressig und dämlich herumbrüllen, mit Hass im Gesicht gegen Fremde! Mit Seeleuten auf engstem Raum zu arbeiten und leben zu müssen, würden sie das bald abgelegt haben! Seeleute sind zupackende Männer.

PELASGOS *(springt heran, fast heiter)* Das ist neu in unserer Stadt: Alte gehen auf die Straße!

BEAMTIN Fällt ihnen nichts anderes ein?

PELASGOS Kein Witz. Ich war überrascht. Und unter den Alten sind es Älteste, die sich laut melden über unsere versaute Jugend!

KAPITÄN Was Verwaltung nicht schafft, übernehmen Bürger. Sie erwachen! Mich freut's.

PELASGOS Sie beschämen uns, den Auswüchsen freiheitlichen Denkens nicht gewachsen zu sein.

KAPITÄN Sie haben ihr Urteil gesprochen.

MvD Als Rowdies haben sich nur einige hervorgetan, wir halten sie im Blick.

KAPITÄN *(geht)*

PELASGOS Warte! Darüber sollte Einigkeit her –!

RAINA, ASSIA und ZAKA *(unterbrechen mit ihrem Erscheinen den Disput, chorisch)*
Dank Bürgern dieser Stadt
die freundlich uns willkommen heißen,
Dank ihm, dem Fremder Not zu Herzen geht
Pelasgos, dem Gewählten der Stadt!
Er, mitfühlend unsere Ängste
ließ öffnen das Tor zu Bürgern!

PELASGOS *(den Mädchen entgegen)* Halt, haltet ein! Kein Lob. Ich tat, was nur menschlich ist! Und diente so dem Amt. Denn ich gelobte der Bürgerschaft, mich zu verwenden für Nutz' und Wohl der Bürger. Oder sollte die Stadt euch vor'm Tor verderben lassen?

MvD Das wohl nicht!

PELASGOS Tote vor geschlossenem Tor hätten der Stadt nur Schimpf gebracht, Tote an Mauern hätten Bürger ewig ermahnen lassen: Wie weit sich Menschen vom Menschsein entfernen konnten!

BEAMTIN Zuwider den Beschlüssen wurde das Tor geöffnet. Die Stadt war voll schon mit Fremden!

MvD Und geöffnet für Frauen mit ungeklärter Vergangenheit!

PELASGOS Ich ließ Bürger mitbestimmen, ob sie in den Geflüchteten Menschen erkennen, Menschen wie sie – aber in Bedrängnis! Jeder sollte sich fragen, ob er ihm der nächste ist, steht einer in Not vor ihm, leistet er als Nächster Hilfe, wo Hilfe nötig ist? Denn das nur macht Menschen menschlich – und würdig als Bürger der Stadt.

BEAMTIN Und wenn sie nun doch Verbrechen begingen?

RAINA, ASSIA, ZAKA *(umringen Pelasgos, knien vor ihm)*
Glücklich eine Stadt, die Menschen wie ihn
in ihre Mitte wählte!
Glücklich wir, die menschlich empfangen sind
von Bürgern dieser Stadt!

PELASGOS Keine Kniefälle, ich bin ein Heiliger nicht. Ich tat, was nur menschlich ist. Nicht mehr –

BEAMTIN Lädt unsere Stadt nun ein, obwohl wir voll schon sind?

ASSISTENTIN Sprach vielleicht der Gören Armut für sie?!

PELASGOS Solch Fragen, dies Vermuten hab ich von euch nicht erwartet. Wenn Menschen sich als Menschen erkennen, sich gegenseitig achten im Menschsein, werden sie in Not auch Wege sehen und gemeinsam gehen –. Erst im Gehen des Weges erfahren sie, miteinander leben zu können. Wer menschlich auf den anderen blickt, wird ihm die Wohnstätte nicht zertrümmern, den Brunnen nicht vergiften, die Nahrung nicht entreißen oder gleich das Messer an die Kehle setzen! Er wird ihm beistehen, Schutz und Hilfe gewähren, ist erkennbar ihm seine Not! So will es Menschsein auf unserer Erde.

BEAMTIN Die Welt aber ist nicht gefüllt mit anständigen Menschen!

PELASGOS So zu handeln nehme ich mich in die Pflicht. Was hindert dich, es gleich zu tun?

ASSISTENTIN Ist's nur Amtes Pflicht, so zu handeln?

PELASGOS Nein, als Mensch unter Menschen das zu tun ist menschliche Pflicht! Unsere Welt erhielte ein schöneres Gesicht!

BEAMTIN Wie es sich verändert hat, gefällt sie mir nicht: Der Pflichtlosen sind zu viele.

PELASGOS Bürger in den Gassen nahmen die fremden Frauen auf, ohne lange zu zögern, ohne viel zu fragen – sie verstanden ihre Not, fühlten mit ihnen die Ängste!

MvD Keinen lassen wir zugrundegehen. Wir helfen, sind nicht nur fähig zur Hilfsbereitschaft. Wir tun, was wir können. Nicht mehr. Dafür muss Verständnis sein!

PELASGOS Etliche unserer Bürger verhielten sich anders. Die drei Frauen erlebten es. Berichte darüber sind in der Welt –

BEAMTIN Aber Helfen hat Grenzen: Helfende können sich nicht selbst in Nöte bringen! Schutz kann nur geben, wer selbst ein sicheres Dach über sich weiß, Hilfe nur leisten, der über Kräfte verfügt! Soll der Helfende zusammenbrechen unter Lasten, die er auf sich nahm?

DANAOS *(stürzt heran, freudig und laut)* Da find' ich euch, Mädchen – endlich Schutz für euch! Für Stroh und Säcke bat ich nicht vergebens, ein Lager euch zu bereiten für diese Nacht, am Rande der Stadt ist's erlaubt!

RAINA, ASSIA, ZAKA *(jubelnd zu ihm, durcheinander sprechend)* Für eine Nacht? Am Rande der Stadt? Für Tage und Nächte sind wir aufgenommen! Bürger geben uns Quartier!

DANAOS Für Tage und Nächte, sagt ihr?

RAINA Wir brauchen die Tage, die Nächte nicht abzuzählen!

DANAOS So schützt euren Schlaf ein Dach über euch?

ZAKA Wir sind aufgenommen unter schützenden Dächern der Stadt. Kein Rächer kann uns gefährden!

DANAOS Das, endlich, beruhigt mein Herz.

ASSIA Guter Danaos, du sorgtest für uns wie für deine Ziegen, wenn sie, vorm Abgrund stehend, nicht weiter wissen und tödliche Angst sie überfällt. *(umhalst ihn)*

PELASGOS Ein Lob diesen Bürgern, die euch willkommen heißen!

MvD Den Ämtern könnte es missfallen.

RAINA In den Gassen drängten sich einige mehr, die Wohnung mit uns zu teilen. Wir hatten von unserer Flucht erzählt.

PELASGOS Dank allen, die Unterkunft gewähren, Helfende sind!

ZAKA Kluger Danaos, findig führtest du uns bis vor diese Mauern – nur Götter können das lohnen!
(Sie alle verbeugen sich vor Danaos, gehen mit ihm nach hinten.)

MvD Chef, bleibt das Tor nun offen für jedermann?

BEAMTIN Sind alle geladen, die vor'm Tor uns jammern?

ASSISTENTIN Oder mit irrigen Geschichten uns erschaudern?

MvD Taten verbergen, die sie begingen, und fähig sind, neue zu begehen?!

PELASGOS Schutz muss finden, wer um sein Leben bangen muss – wer floh, es zu erhalten! Wer den Boden verlor, auf dem er stand, der ihn trug und nährte als Heimat! Wir helfen, wenn in seinem Dasein kein Morgen mehr leuchtet.

MvD Edel gedacht, stolz geredet – denkt er an die Millionen, die so handeln müssten?!

IV
Verwirrungen

KAPITÄN *(stürzt dazu, es bildet sich eine Streitrunde, überrascht alle)* Keine Streiterein, Ungeheures bahnt sich an!

PELASGOS Was steht vor der Tür, Freund, uns zu beunruhigen? *(Kurze Umarmung)*

MvD Hat er uns eine zweite Ladung Schwarzer aus dem Meer gefischt?

KAPITÄN Mehr als das, Boote sind gesichtet!

BEAMTIN Boote! – Viele?

PELASGOS Wo genau, wie viele?

MvD Wir haben keine Kenntnis, dass Besucher kommen –

KAPITÄN Noch weit draußen, aber mit Kurs auf unsere Küste!

PELASGOS War denn auszumachen, ob mit Waren, Tieren oder Menschen beladen?

MvD Das ist die Invasion! Afrika schickt seine Kinder!

ASSISTENTIN Schwarze Kinder?

KAPITÄN In Afrika werden auch Weiße geboren –

PELASGOS Können wir denn sicher sein, sie kommen aus Afrika? Viel Wasser bewegt sich zwischen unseren Kontinenten.

BEAMTIN Was kommt da auf uns zu?!

MvD Der schwarze Kontinent stößt von seinen viel zu vielen Bewohnern einige ab, sie werden nicht mehr satt!

PELASGOS Keine Ängste, sie bedrohen uns nicht. Schwarz-Afrika schickt nie Krieger in die Welt! Sie fliehen vor Kriegen –

BEAMTIN Nichts von Kriegen! Mit Messern schlachten sie sich untereinander ab!

KAPITÄN Davor eben fliehen sie – und vor Hunger und Durst! Jahrelange Trockenheit brachte verheerende Folgen für Mensch und Tier! Millionen verhungerten, Massen sind unterwegs –

MvD Sie kommen in Massen? Das ist die Invasion! Das ist eine Bedrohung unserer Lebenswelt!

PELASGOS Unsere Väter sind mit Unmengen aus dem Orient und aus anderen Regionen fertiggeworden, trauen wir uns nichts mehr zu?

BEAMTIN Sie wurden gerufen als nötige Arbeitskräfte, gelockt mit gutem Lohn und Unterkunft! Was sich hier anbahnt …

ASSISTENTIN Wissen wir denn, ob unsere Küste das Ziel ihrer Seefahrt ist?

PELASGOS Furcht ist unangebracht! Könnten die Boote denn umgeleitet oder gehindert werden, an unserer Küste vor Anker zu gehen?

MvD Wo können sie denn hin?

KAPITÄN Sollen wir Kanonen auf sie richten?!

BEAMTIN Wer denkt an sowas?!

MvD Wie sie aber abschrecken, hier massenweis' Fuß zu fassen? Ist den ersten Gruppen die abenteuerliche Seereise geglückt, strömen Hunderttausende nach!

KAPITÄN Es wäre töricht, sie mit Gewalt von etwas abbringen zu wollen, was tief in ihren Körpern, vor allem in ihren Köpfen fest verankert ist: Unser Kontinent ein Paradies!

MvD Mir schwante schon damals Unheil, als ihr – Käpt'n – die zwölf mit der Mannschaft aus dem Wasser gefischt: Der Tross kommt nach! Schwarze scheuen keine Gefahren. Das war das Vorkommando! Familien, ganze Sippen folgen. Und was schleppen sie nicht alles mit sich ins Land?!

BEAMTIN Ihr im Dienst rechnet immer mit Katastrophen, was?!

PELASGOS Ich kenne Afrikaner als friedfertige, anständige und saubere Menschen. Verschiedene leben in unseren Regionen seit langer Zeit, angepasst unserem zivilisierten bürgerlichen Verhalten, Kinder besuchen Schulen, studieren – Afrikaner wurden Bürger unserer Stadt, immer fröhlich.

KAPITÄN Und immer war ich erleichtert, wenn wir Schwarze aus dem Wasser ziehen konnten und an Bord nahmen. Sie verbreiten Lebenskraft, lebendige Dankbarkeit!

MvD Ihr rettet Ertrinkende, ohne zu wissen, wer es ist, wer euch die Hand entgegenstreckte?

KAPITÄN Wir sehen Not, greifen nach Leben.

BEAMTIN Nicht nach Fremden, die nach Leben schreien, im Wasser krampfen?!

KAPITÄN Nicht Fremden, Lebenden helfen wir an Bord.

MvD Halbtote aus dem Wasser zerren, ohne unsere Sicherheit zu bedenken?!

DANAOS *(der sich mit den Mädchen zurückgezogen und zurückgehalten hatte)* Menschsein zeigt sich so!

MvD Aber unsere Sicherheit müssen wir im Auge hatten, wenn jetzt mehr als zwölf aus dem Wasser steigen!

ASSISTENTIN Wo sollen so viele überhaupt wohnen?

MvD Ihre Sorge! Kein Mensch läuft ins Unbehauste, stürzt sich, wie von einem Felsen, in wilde Abenteuer!

BEAMTIN Denken die daran?

ASSISTENTIN Denken die überhaupt?

KAPITÄN Quatsch! Fragt man nach Unterkünften, wenn man fliehen muss, sein nacktes Leben zu retten?!

BEAMTIN Im Regen werden wir sie nicht stehenlassen, aber es stellen sich schon Fragen: Sind Decken, Matratzen vorhanden?

KAPITÄN Afrikaner sind genügsame Menschen, bescheiden geworden durch Entbehrungen, sie kommen mit Wenigem aus.

BEAMTIN Wir müssten schon wissen, wie viele es sind!

MvD Vor allem, wer sie sind!

KAPITÄN Schon jetzt die Furcht in Ämtern? Dass ich nicht lache!

PELASGOS Gehen sie an Land, werden sich Wege ergeben. Unsere Vorväter mussten mit Massen Heimatloser zurechtkommen. Und sie schafften es! Wir nehmen auf, wer sein Leben neu erwirken will. Wer hier tätig wird und etwas bewirkt mit sich und seiner Familie, nützt auch uns. Für Tüchtige bleibt offen die Stadt!

DANAOS So finden den heimatlichen Sitten Entfremdete, Verstoßene aus Familien und Stämmen, hier Boden, auf dem sie neu wurzeln können? Hier ist Zukunft für meine Mädchen?!

PELASGOS Uns sorgen massenweis' kommende Afrikaner! Deine drei Mädchen finden selbst ihren Weg. Sie sind jung – nicht hässlich.

ASSISTENTIN Ich verstehe nicht, was zwingt die Schwarzen in Booten über's Meer?

MvD Mit Vernunft hat das wenig zu tun.

BEAMTIN Soll das heißen, sie sind blöd?

MvD Unvernünftig! Mit Vernunft und für uns nicht zu begreifen.

DANAOS Wer aus der Heimat flüchtet, hat das Vertrauen in sein Heimatland verloren! Was Schutz und Nahrung versprach und ihm auch bot, ist ihm genommen!

ASSISTENTIN Und er lässt es einfach im Stich, und andere sollen ihn nähren? Was soll aus dem Land denn werden, fliehen die Bewohner?

DANAOS Wer um eigenes Leben bangt und um das seiner Familie bangen muss, denkt so nicht.

BEAMTIN Und wie denken sie?

KAPITÄN Es sind sogar Väter, die ihre Söhne über's Meer schicken, Geld zu verdienen.

ASSISTENTIN Väter schicken ihre leiblichen Kinder in die Fremde, liefern sie tödlichen Gefahren aus?

KAPITÄN Den kräftigsten und pfiffigsten Sohn stoßen sie in die verheißungsvolle Welt! Und strahlend brechen die jungen Burschen auf, gläubig wie sie sind, gehorsam auch dem Vater, nehmen sie jede Gefahr auf sich, der Familie zu helfen!

BEAMTIN Da versagt mein Denken – das ist doch Irrsinn! Wie können sie helfen?

KAPITÄN Durch Arbeit hier. Es sind kräftige Kerle!

MvD Sie laufen Vorstellungen vom Paradiesischen nach! Hier angekommen, machen sie große Augen, Arbeit nicht zu finden, Geld nicht verdienen zu können, um ihrem Vater für ihre Geschwister Geld zu schicken!

ASSISTENTIN Sie vertrauen Bildern und Nachrichten aus unserer Welt, Väter wie Söhne? Das ist doch naiv!

MvD Man fragt sich wenigstens, bevor man auf Wanderung geht, wo man nächtigen wird, ob man sich anderen Menschen, Fremden, zumuten kann, ja aufdrängen darf! Aber das fragen die nicht, sie laufen davon wie Hühner, wenn man sie scheucht!

KAPITÄN Sie suchen ihr Leben hier, kommen mit Zuversicht, es hier in zivilisierterer Welt zu finden, einen Weg gehen zu können, den sie wählen und selbst bestimmen – sie haben das Läuten der Freiheitsglocken in den Ohren!

BEAMTIN O Gott, wer hat ihnen das in die Köpfe gesetzt? Bilder im Fernsehen doch nicht allein?

KAPITÄN Doch, den Werbebildern aus der zivilisierten Welt laufen sie nach! Abend für Abend hocken sie beieinander in den Hütten, wo ein Fernseher läuft, glotzen auf die Bilder, bestaunen gutgenährte Menschen mit lachenden Gesichtern, erleben eine ordentliche, strahlende Welt, die sie als Wirklichkeit nehmen!

BEAMTIN Eine Wirklichkeit, die es so nicht gibt.

MvD Sie wissen nicht, dass es in der Werbung um Geschäfte geht.

KAPITÄN Mit bunten und schönen Bildern verführen sie zu falschen Hoffnungen!

PELASGOS Sie denken nur Gutes über uns.

BEAMTIN Sind Afrikaner so ganz ahnungslos, was sie hier wirklich erwartet?

PELASGOS Ich setze darauf, dass viele uns umwandern, andere Wege wählen, andere Regionen als Ziele ihrer Flucht ansteuern.

ASSISTENTIN Die Schwarzen uns meiden, wieder umkehren vor unseren Toren? Andere ihre Türen öffnen?!

DANAOS Was redet ihr? Haben sie festen Boden unter den Füßen, bleiben sie erst einmal. Sie haben das Meer bezwungen, sind tausende Kilometer gelaufen mit schmerzenden Füßen und Körpern, hungernd und dürstend – sie fallen erschöpft auf den Boden!

MvD Da gibt's keine Lust weiter zu wandern!

PELASGOS Du denkst an deine Ziegen, siehst sie, wenn du sie zu lange und zu weit getrieben hast, siehst sie Kuhlen scharren, sich darin verkriechen.

BEAMTIN Das kann was werden.

DANAOS Der Drang, sein eigenes Dasein zu leben, steckt in jeder Kreatur, treibt sie. Das ist Natur – auch im Menschen.

BEAMTIN Die da unterwegs sind, sind keine Tiere!

DANAOS Ob Tier ob Mensch: Jedes Leben trägt Hoffen in sich, solange es pulsiert! Jedem Geschöpf scheint eingepflanzt zu sein, seinen eigenen Weg, seine eigene Entwicklung, zu wissen, ihn zu suchen und sich zu bahnen –

BEAMTIN Auch brutal gegen andere?

DANAOS Natur gibt die Kraft dazu. Ich denke an Neugeborene, jedes findet den Weg zur Mutter, an die Zitzen, die es nähren!

MvD Pläne für Katastrophenfälle liegen vor, Chef?

KAPITÄN Für Seuchen, Hochwasser oder Erdbeben! Aber dies ist keine Katastrophe, wenn Menschen ihrem Verlangen folgen nach einem eigenen Weg, nach Zukunft in ihrem Dasein! Es ist Verlangen menschlicher Natur, der Natur im Menschen!

BEAMTIN Wir haben vor längerer Zeit Verfahren festgelegt für die Aufnahme von Fremden.

MvD Und eingehalten! Sie haben sich bewährt. Wir behielten Übersicht!

ASSISTENTIN Das war für einzelne Personen, die Arbeit suchten. In den Büros nahm man sich Zeit für jeden Fall – sorgsam zu prüfen, auch zu helfen! Alles lief geordnet, und nun, wenn Massen erscheinen?

MvD Nicht auszumalen, wer sich da alles in den Massen versteckt!

BEAMTIN Es kommen Menschen in Not, empfangen wir sie wie andere auch: als Gäste ohne Vorbehalt.

KAPITÄN Es können Gäste auf Dauer werden. –

ASSISTENTIN Was, all die Afrikaner?

BEAMTIN Danach fragen wir jetzt nicht!

KAPITÄN Sie kommen mit der Zuversicht, ihr Leben in der zivilisierten Welt zu finden und zu führen.

ASSISTENTIN Wie soll das gehen?

BEAMTIN Wir helfen. Bereiten wir feste Schlafplätze vor, nicht nur luftige Zelte! So verstehen Bürger Menschlichkeit und ihre bürgerliche Pflicht. Oder können wir ertragen, wenn Menschen auf nasser Erde schlafen bei Kälte und Regen, vor Hunger und Durst zusammenbrechen? Und das vor unseren Augen?

HAFENMEISTER *(atemlos)* Übervoll mit Menschen beladene Boote nähern sich dem Hafen! Viele!

MvD Jetzt haben wir die Scheiße! Das ist der Angriff. Sie kommen zuhauf! Ich fürchte, sie überrennen uns!

KAPITÄN Wir sind in keinem Krieg, Mann!

PELASGOS Verlieren wir keine Minute mit Streit und Schwarzmalerei, Entscheidungen sind zu treffen!

KAPITÄN Packen wir's. Ich komme mit! Vertreiben wir die Müdigkeit aus den Büros!

PELASGOS Ich sah dich immer auf der Brücke stehen, wenn Stürme nahten. Hier kündigt sich ein Orkan an! Eilen wir vor Ort!

Pelasgos und der Kapitän eilen dem Hafenmeister hinterher, unter den Zurückbleibenden erregtes Durcheinander.

MvD Eine Hiobsbotschaft!

BEAMTIN Massen von Afrikanern wären wir nicht gewachsen!

MvD Sie bringen Chaos in unsere Ordnung!

BEAMTIN Aber nicht alle stehen unter Verdacht, unserer bürgerlichen Ordnung nicht gewachsen zu sein?

MvD Sie halten sich an keinerlei Regeln und Anweisungen. Ich habe schwarze Straßenhändler erlebt!

ASSISTENTIN Ich habe von friedfertigen, sanften Menschen gehört!

MvD Vielleicht beim Lieben! Nie von eigenwilligen starken dunklen Kerlen?

DANAOS Menschen aus ganz anderen Regionen der Welt gehen seit alters her anders miteinander um, leben anders miteinander als ihr in der bürgerlichen Welt! – Entbehren sie deshalb der

Menschlichkeit? Lernt sie kennen, vielleicht lernt ihr sie schätzen in ihrem Anderssein! Gemeinschaftliches Leben kann auch anders verlaufen, als ihr es euch eingerichtet habt!

MvD Unsere Regeln für Ordnung müssen sie befolgen!

BEAMTIN Wissen sie, was sie dürfen, was nicht?

MvD Genügend Gedrucktes liegt vor!

ASSISTENTIN Können die überhaupt lesen?

DANAOS Stoßt Fremde nicht vor den Kopf mit gedruckten Anweisungen und Belehrungen, sie kennen es anders.

MvD Aber wissen müssen sie, wohin, wenn die Erde bebt!

BEAMTIN Für Katastrophenfälle ist alles klar geregelt!

MvD Das gilt auch hier. Da bleibt alles übersichtlich.

ASSISTENTIN Sollen nun Blumen auf Tische, Luftballons und Kuscheltiere zum Empfang? Läuft alles, wie es bisher lief, auch für die Schwarzen?!

MvD Wieviel Suppe zu kochen ist, hängt von den Zahlen ab, also muss erst einmal gezählt werden: Wieviel Frauen, Männer, Kinder, wieviel Alte, Kranke, um alles vernünftig abzuwickeln. Nur so behalten wir Übersicht, wer ins Land kommt!

DANAOS Überfallt Ankommende nicht mit tausend Fragen! Wer monatelang unterwegs war, muss verschnaufen können.

ASSISTENTIN Du hast deine Ziegen vor Augen?

MvD Wir müssen wissen, wem wir die Tore öffnen, wen wir in eine Unterkunft führen – zu unserem Schutz.

Pelasgos und Kapitän zurück, entsetzt

PELASGOS Gedrängt und hilflos hocken Hunderte auf den schmalen Schiffen – ein Bild des Jammers!

KAPITÄN Schiffe, sagst du? Kaum seetüchtig die Boote! – Ein Wunder, dass sie nicht absoffen!

PELASGOS Das sind keine Krieger –

MvD Und wohin mit ihnen?

BEAMTIN Wir können sie nicht unterbringen, die Stadt ist voll!

MvD Ohne sie ordentlich registriert zu haben, geht überhaupt nichts!

PELASGOS Es wurde vorgeschlagen, Markthallen zu nutzen –

ASSISTENTIN Für eine Registrierung an den Gemüseständen? Wohin dann mit dem Gemüse?

BEAMTIN Warum nicht gleich ins Stadion, Fußball wird abgesagt, Tausende fänden Schutz unter den Überdachungen …

ASSISTENTIN Und Hunderte könnten gleichzeitig auf's Klo!

BEAMTIN Schwierig nur bliebe die Versorgung –

ASSISTENTIN Na, an den zahlreichen Imbissständen!

MvD Lässt sich machen. Aber ohne Bierausschank!

BEAMTIN Es geht auch um frische Wäsche, passende trockene und saubere Kleidung …

KAPITÄN Jetzt Schluss mit Wäsche und Versorgungsängsten, ihr Frauen! Begreift doch, unsere bürgerliche Lebenswelt ist in Gefahr! Haben wir keine anderen Antworten als nach Unterbringung und frischer Wäsche zu fragen?

MvD In Notfällen ist alles geregelt, für Notsituationen ist vorgesorgt.

PELASGOS Das wird kein Notfall, was da auf uns läuft, das ist kein Fall, der zu lösen ist! Was da heranströmt an Menschenmassen, droht dem gut eingerichteten, funktionierenden bürgerlichen Leben! Uns droht eine andere Wirklichkeit!

ASSISTENTIN Durch eine Handvoll Boote, beladen mit Schwarzen?

BEAMTIN Ich fürchte eine Katastrophe! Von allem, was nötig ist, um Massen aufzunehmen und zu versorgen, ist zu wenig vorhanden!

DANAOS Ihr lebt im Überfluss, ihr lebt in der Verschwendung – von allem habt ihr zu viel! Um euch sterben Tausende an Hunger!

ASSISTENTIN Sollen wir auf's Frühstück verzichten?

DANAOS Mäßigt euch – mäßigt auch eure Zungen! Und reinigt eure Köpfe!

MvD Mit Massen von Fremden, die unsere Art zu leben gefährden, unseren Lebensstandard infrage stellen, war nie zu rechnen! Eine Völkerwanderung war nicht vorstellbar!

KAPITÄN In fantasielosen Köpfen mit Sicherheit nicht. Aber zu errechnen war es bei der rapid zunehmenden Vermehrung der Menschen in einigen Regionen der Welt ...

MvD Sind wir zuständig, dass sich Millionen ihrer tierischen Vermehrungslust ungebremst hingeben?!

PELASGOS Die Schmälerung unseres Wohlstandes, die Mäßigung unserer Ansprüche, der Verzicht auf Überflüssiges wird alle erreichen. Meine größere Sorge ist der Bruch mit unserer Lebenskultur: Wie wir miteinander umgehen, uns untereinander verhalten.

BEAMTIN Warum soll das brechen?

PELASGOS Weil es an Wertvorstellungen bürgerlichen Lebens gebunden ist! Weil es Normen geworden sind im Verlauf unserer Entwicklung, Normen in unserem Denken und täglichen Handeln! Diese Normen weichen auf, schwinden in der Vermassung –

KAPITÄN Diese Normen beherrschen längst nicht mehr unser Leben!

PELASGOS Du hast die Rowdies vor Augen mit Hass im Gesicht?

KAPITÄN Die Verflachung des Lebens um uns nicht weniger. Hängen an Äußerlichkeiten und Luxus –

DANAOS Darin einen Lebenssinn zu finden, brachte blühenden städtischen Kulturen den Niedergang. In Ausgrabungen, im Stöbern von Resten erfährt man heute davon.

MvD Prophezeit er uns ein Ende der Zivilisation? Das Verwehen bürgerlicher Kultur?

KAPITÄN Wenn sie nicht schon verweht ist! Dem Ansturm von Afrikanern wird sie kaum widerstehen!

DANAOS Das haltet ihr in Händen, könnt ihr richten.

PELASGOS Wenn es denn soweit kommt.

DANAOS Besinnt euch, wer ihr seid, was ihr in euch tragt! Eine lange Entwicklung hat euch geprägt – äfft andere Kulturen nicht nach, indem ihr euch Schmuck an Nase und Lippen hängt! Bleibt bei euch, verliert oder verschenkt euch nicht. Lebt euer Menschsein auch mit Afrikanern!

MvD Er hatte Kenntnis von der Hilfe, die Geflüchtete hier erwartet, er wusste von unserer Schwäche, schwer Nein sagen zu können, hören wir von Not! Er wanderte mit drei Gören um die halbe Welt, um Unterstützung hier zu finden! Das war Erpressung!

DANAOS Die Mädchen brauchten menschliche Hilfe, standen in Lebensnot.

PELASGOS Und du fühltest dich berufen, den jungen Frauen zu helfen? Wer gab dir den Auftrag?

DANAOS Ich erlebte ihre Not, fühlte mit ihnen.

MvD Und springst auch ins Wasser, wie unser Kapitän es tut, um Ertrinkenden die Hand zu reichen?!

DANAOS Ich war ihnen nah, ich konnte helfen – und half.

MvD Mann, was hatte dich geritten?!

DANAOS Ich hoffte auf eine humane Welt – wir fanden sie, eine humanere.

MvD Und nun kehrst du zurück zu deinen Ziegen?

DANAOS Ist's nicht Erfüllung von Leben, Menschen geholfen zu haben? Ist es nicht unsere Aufgabe, einander dienlich zu sein? Ich kehre dahin, wo ich kein Fremder bin. Sogar Löwen verzichten auf's Wandern und Jagen, wenn sie ihre Zeit abgelaufen fühlen.

KAPITÄN Unsere Streitigkeiten lassen mich erinnern einer Stadt, die vor ähnlicher Bedrohung gestanden haben muss und keinen Rat wusste – hilflos die Verwaltung!

ASSISTENTIN War sie bedroht auch von Schwarzen?

MvD Gibt es Rat für uns?

PELASGOS Herrschte Krieg, drohten Fluten?

KAPITÄN Massen von Menschen wurden zur Plage für die Stadt!

PELASGOS Und kopflos die Verwaltung, wie wir geplagt von Ängsten?

KAPITÄN Vielleicht hilfloser, denn sie überließ einem »Rat der Alten« die Zügel!

PELASGOS Alten Männern?! Du kennst die Stadt?

KAPITÄN Ein Spruch, eingemeißelt in Stein über das Tor eines ansehnlichen Bürgerhauses, vielleicht das ehemalige Rathaus, dankt einem »Rat der Alten« für die Rettung der Stadt!

DANAOS Sie gab sich verloren und kein jugendlicher Held rettete sie?

MvD Wie schafften es Alten, Geehrte zu werden?

KAPITÄN Die Stadt war offen gewesen für Zuwanderer. Gewerbetreibende, Händler, Arbeitswillige hatten immer Aufnahme gefunden. Die Stadt verdankte den Zugewanderten Wachstum. Aber es wurden mehr und mehr, schließlich zu viele, die ins bürgerlich-städtische, geordnete Leben drängten.

MvD Und die Stadt verriegelte die Tore nicht?

KAPITÄN Es gab kein Absperren mehr. Die Gefahren waren bereits drin in der Stadt. Die Verwaltung hatte sich zu keinen Maßnahmen entscheiden können. Was bisher mit Gelassenheit und kaufmännischer Vernunft – die Stadt hatte ja Vorteile von den Zugewanderten gehabt – ertragen worden war, wollten die Bürger nicht länger erdulden und forderten entschiedenes Handeln. Einige Ämter schlossen einfach ihre Türen, Beamte verkrochen sich wie verängstigte Kinder bei heranziehendem donnerndem Gewitter unter Bettdecken!

BEAMTIN Hilflos also Behörden – und gefährliche Zustände wuchsen in der Stadt?

KAPITÄN Mit Verknappung der Nahrungsmittel stieg die Kriminalität, zigeunerhaftes Gesindel, das mit in die Stadt geschwemmt worden war, hatte sich in abgewohnte Häuser, in Schuppen oder Ställen eingenistet, campierte unter Brücken, auf freien Plätzen! Ohne Scham, ohne Rücksicht auf die Stadtbewohner verrichteten sie ihre Notdurft an Straßenrändern, in Einfahrten, auf Höfen in der bisher so sauberen Stadt! Alarmierend wurde Ungeziefer, Krankheiten lauerten, Gerüchte von Seuchen waberten durch die Gassen … Die Bürger murrten, ängstigten sich, verlangten Abhilfe. Eine Lösung musste her!

ASSISTENTIN Opas mussten die Stadt aus der Scheiße ziehen?

DANAOS Auch jüngere Männer machten sich nicht zu Helden?

KAPITÄN Die Ältesten versammelten sich, beratschlagten nicht lange, wählten von den Tüchtigsten einen Kreis von sechs Männern aus, bevollmächtigten und beauftragten sie, die Geschicke der Stadt in die Hände zu nehmen –

PELASGOS Das war neu! So etwas hatte es bisher nicht gegeben!

MvD Das war umstürzlerisch, konnte die ganze Ordnung ins Wanken bringen!

KAPITÄN Die Lage war gefährlich. Die sechs Alten redeten nicht lange, ergriffen praktische Maßnahmen.

PELASGOS Und was mit Gremien und Ausschüssen, die wollten doch mitreden?!

KAPITÄN Die konnten offenbar zusammenkommen wie immer, das Schicksal verdammen, über Flüche von Göttern rätseln, sich streiten – Entscheidungen zum praktischen Handeln aber traf dieser »Rat der Alten«!

BEAMTIN Ungefragt blieben die Bürger?

MvD Sollen wir das als einen Wink verstehen, unsere behördliche Verwaltung aufzugeben und sie Bürgern anzuvertrauen?

BEAMTIN Gab es keine Empörung, keinen Aufstand in der Verwaltung?

KAPITÄN Wenn, dann versteckt in Büros! Die Beamten hatten versagt. Seit je waren sie mehr mit sich beschäftigt gewesen als mit Erfordernissen der Wirklichkeit!

DANAOS Bürger nahmen sich in die Pflicht, die Geschicke der Stadt selbst zu steuern, die Wirklichkeit zwang, sich anders als bisher zu verhalten.?!

BEAMTIN Und was machen wir, wenn eintrifft, was als Furcht jetzt vor uns steht, wenn Wirklichkeit ist, das mehr als nur einzelne Afrikaner um Einlass flehen?

ASSISTENTIN Vielleicht uns zwingen?!

PELASGOS Wir werden uns dieser Wirklichkeit stellen! Wir werden auch die Schwarzen, die das Meer bezwangen, nicht enttäuschen: Wir werden sie empfangen wie andere auch!

BEAMTIN Das sagt und fordert sich leicht, Gewohnheiten leben fort –

DANAOS Eure Wirklichkeit wird sich verändern, eure Welt sich anders ordnen müssen, und was für Ewigkeiten gültig schien und geltend war, wird sich neu regeln.

ASSISTENTIN Wir lassen uns nicht einfach beiseiteschieben, wir werden zeigen, wer wir sind!

PELASGOS Weiß Jugend denn, wer sie ist? Was sie an Geschichte mit sich trägt, an wertvollem Erbe, oder ist alles verblasen im selbstischen Vergnügtsein?

DANAOS Jugend muss sich finden in Werten, die sie prägt, und diese behaupten, wenn fremde Sitten und Gewohnheiten sie überfallen. Sie muss sich wertvoll zeigen!

ASSISTENTIN Wie nun zogen die Alten die Stadt aus der Scheiße?

KAPITÄN Der Rat diktierte den zuständigen Behörden, Ackerland, Wald und Wiesengelände den Zugewanderten zum selbstständigen Bewirtschaften zu überlassen und gab weiteren städtischen Bodenbesitz, außerhalb der Mauern gelegen, als Bauland frei.

MvD Die Fremden konnten Boden erwerben und bebauen?

PELASGOS Blieb so den Stadtbewohnern ihr Lebensraum erhalten?

KAPITÄN Es gab keinen Zwang, sich in Wohnungen und Häusern einzuengen, auf Gärten und Lauben zu verzichten. Wer Fremde unterbringen wollte, sollte es tun.

DANAOS Das war klug, Ängste von Bürgern um ihren Besitz zu nehmen, vor allem menschliches Helfen nicht zu erzwingen.

KAPITÄN Frei sollten die Bürger entscheiden mitzutun, der drohenden Verwahrlosung der Stadt zu begegnen und Herr zu werden. Hoffnung auf Eigenständigkeit brachten die Anordnungen den Zugewanderten.

MvD Es kam zu keinen Protesten?

ASSISTENTIN Es waren doch Diktate!

KAPITÄN Bald muss ein lebhaftes Treiben eingesetzt haben. Die Fremden packten kräftig zu, Land zu bewirtschaften, Unterkünfte zu bauen. Sie brachten Geschick zu vielem mit. Nicht mit linken Händen waren sie in die Stadt gekommen. Sie brachten ihre Erfahrungen mit und ihr Können, vor allem aber ein starkes eigenes Wollen. Sie sahen nicht lange zu, wie man für sie die Betten macht!

MvD Und Regelungen für's Bauen, vorliegende Bestimmungen zu Sicherheiten – einfach beiseitegeschoben?

PELASGOS Wenn sie Fähigkeiten zum Bauen hatten, mussten sie auch Kenntnisse haben, sicher zu bauen! Oder brachen ihre Bauten beim nächsten Sturm zusammen?

KAPITÄN Die Unterkünfte stehen noch heute, man kann sie besichtigen. Es wird auch von Fachleuten aus den verschiedenen Gewerken berichtet, die dabei waren, belehrten und selbst kräftig mit anpackten!

DANAOS So wurden Zuwanderer zu Bauherren eigener Hütten?

BEAMTIN Das waren sie doch immer gewesen in ihren heimatlichen Regionen! Hatten sie es nicht geschafft, über die Jahrhunderte nach Kriegen oder Naturkatastrophen ihre Behausungen wieder herzurichten?!

MvD Aber war die Gefahr einer Überflutung der Stadt mit Fremden nun gebannt, blieben die Bürger unter sich?

BEAMTIN Wenn mehr als die gesichteten vier, fünf Boote auftauchen, überfällt uns das wie eine Naturgewalt, der wir ausgeliefert sind!

KAPITÄN Es sind aber Menschen –

BEAMTIN In Massen! Auf Massen sind wir nicht eingerichtet!

PELASGOS Und wenn sie an Land sind, uns mit flehenden Blicken in die Augen schauen – können wir dann wegsehen, sie wegjagen wie lästige Insekten?

MvD Woher aber nahmen sie Werkzeug, Material zum Bauen, woher das Geld? Die Stadtkasse war sicher nicht üppig gefüllt. Selbst ein Rat der Tüchtigsten konnte nicht Wunder wirken, auch die Klügsten konnten nicht Geld in Stadtkassen zaubern!

DANAOS Kassen der Stadt waren leer, aber vielleicht Taschen von Bürgern gefüllt?

BEAMTIN Den Bürgern sollte Geld genommen werden?

ASSISTENTIN Was reden wir über feste Unterkünfte für Flüchtlinge? Die Schwarzen auf dem Wasser, die uns Angst machen, bei uns an Land zu gehen, sind gewohnt, in Hütten aus Laub und Gehölz zu leben, die sie selbst herrichten wie unsere Kinder bei Räuberspielen!

MvD Die nichts kosten und Unterschlupf geben auch bei Unwetter!

KAPITÄN Der Rat entschied, feste Unterkünfte zu errichten, und alle haben beizutragen, alle Bewohner werden belastet!

ASSISTENTIN Arm wie reich?

KAPITÄN Alle sollten es tragen. So wurde es bestimmt vom Rat und auf dem Markt verkündet.

MvD Das gab Aufruhr!

KAPITÄN Sie erhoben es zur Pflicht für jeden Bürger, zehn Prozent von allem Geld, was er besaß, und von jedem weiteren Verdienst sowie anderen Einnahmen, die mancher hatte, einzubringen.

MvD Zehn Prozent des Vermögens? Das bringt jede Ordnung ins Wanken!

PELASGOS Eine mutige, eine sehr mutige Entscheidung des Rates.

MvD Mit unseren Bürgern nicht zu machen!

ASSISTENTIN Auch die Verarmten, die Kranken mussten zahlen für Fremde?!

KAPITÄN Die nichts besaßen, nichts einnahmen, nichts verdienen konnten, Verarmte und Kranke waren ausgenommen. Die meisten Bürger aber hatten Besitz, viele ausreichend zurückgelegtes Geld im Haus und verschiedenste Einnahmen. Es war eine fleißige und sparsam lebende Bürgerschaft, auf Besitz und Ordnung bedacht. Wer viel besaß, hatte eben auch mehr zu geben!

DANAOS Es war menschlich, so zu beschließen.

MvD Wie konnte man mit reduziertem Geld weiter erfolgreiche Geschäfte machen, Handel treiben?

DANAOS Es war menschlich und gerecht, sich so zu entscheiden: Wo Geld sich häuft, sollte für Not genommen werden!

BEAMTIN Und wir, was machen wir, wenn mehr noch kommen, die Afrikaner haufenweis' vor den Toren stehen?

KAPITÄN Die Bürger trugen die Beschlüsse, nicht einmal Reiche lehnten sich dagegen. Die Verwahrlosung der Stadt ging auch ihnen in die Nasen. Nur von Maulerei wird berichtet, von keinem Widerstand. Die Stadt lag allen am Herzen, sie fürchteten den kulturellen Niedergang!

ASSISTENTIN Eingriffe in die persönliche Entscheidungsfreiheit, in die Freiheiten der Bürger waren es doch!

PELASGOS So schreit Jugend heute, wenn Opfer für gemeinschaftliches Wohl erforderlich werden?! Vielleicht riecht eingreifendes Handeln nach Diktatur, aber wirkliche Situationen werden nicht durch Reden und Befragen nach Meinungen verändert!

BEAMTIN Wurde die Stadt nun entlastet von noch mehr Fremden?

KAPITÄN Die Anweisungen der Alten brachten Hoffnung in die Stadt. Die Bürger mussten nicht im Dreck versinken! Die Fremdenflut zeigte sich beherrschbar, es gab Ausblicke. Die Stadt belebte sich, erholte sich langsam durch das entschiedene Eingreifen. Handel und Gewerke lebten auf, Geschäfte blühten. Viele Zugewanderte erkannten ihre Chancen, packten zu, reihten sich ein in Aktivitäten der Bürger oder fanden Mut zu eigenen.

BEAMTIN Aber Lasten blieben bei den Bürgern, die Kosten für's Bauen fester Unterkünfte schwanden nicht!

PELASGOS Und die Jugend machte mit?

KAPITÄN War dabei, scheint voll beteiligt gewesen zu sein! Fand mehr Arbeitsmöglichkeiten, entdeckte neue Wirkungsfelder für sich. Und wird schnell zueinandergefunden haben. Was Behörden nicht regeln, schafft Liebe!

DANAOS Man muss dem Leben vertrauen, es findet Wege – nach natürlichem Verlangen.

BEAMTIN Das also war dein Hoffen, als du drei junge Frauen, schön anzusehen, vor's Tor gesetzt? Drei Gören mit undurchsichtiger, wahrscheinlich dunkler Vergangenheit!

PELASGOS Weiß man's denn? Vielleicht waren es nur ihre Wünsche.

ASSISTENTIN Wie Töchter der Danaiden zu morden?!

PELASGOS Ihre Männer zu töten –

DANAOS Ich fühlte Verantwortung für sie in ihrer persönlichen Lebensnot. Ich stand ihnen zur Seite.

BEAMTIN Wir stehen unseren Kindern auf unsere Art zur Seite. Begleiten sie nicht durch die halbe Welt, wenn sie eine festgelegte Eheschließung verweigern oder anderes ausgefressen haben!

DANAOS Hier Fremdheit zu erleben, war mir klar, aber auf Hass zu stoßen, war uns fremd. Mich erschreckte, wie Jugendliche schutzsuchende Mädchen als Jagdwild behandeln!

BEAMTIN Die Vorfälle am Denkmal – Rowdies eben.

ASSISTENTIN Gehängt haben sie die Kleine nicht, keine von deinen Schützlingen! Nicht eine wurde mit Gewalt genommen – aber alle drei von Bürgern in der Stadt freundlich aufgenommen!

DANAOS Ich erlebte beides –

BEAMTIN Was hast du erwartet, was erwartet ihr von uns? Sollen wir euch umarmen und küssen, weil ihr ins Land kommt?! Wir in den Büros arbeiten fleißig, sind bemüht, Nöte Fremder zu beheben, rund um die Uhr, bleiben freundlich dabei – und werden beschimpft? Jugend zu beschimpfen gibt's nicht Grund. In großer Zahl helfen Jugendliche bei Begrüßung und Empfang!

PELASGOS Sag' endlich deutlicher, was dich quält!

DANAOS Ich blicke in müde Augen, sehe abweisende Bewegungen mit Händen und Köpfen, wenn ich frage, wer erhalten will, was Ahnen hinterließen, wer fortsetzen will, woran Großväter und noch Väter wirkten …

ASSISTENTIN So sieht ein Fremder auf uns?!

DANAOS Weil ich nicht sehe, wo Neugier ist unter euch, wo Interesse ist, was die Alten dachten und wirkten!

MvD Jugend hat mit sich zu tun, kommt schwer zurecht mit körperlichem Verlangen, in der Pubertät, braucht Beratung schon zur Partnerschaft! Nichts fließt aus eigenem Leben als Selbstverständlichkeit – was sollen sie mit dem Leben anderer? Vielleicht noch die Welt ändern?

KAPITÄN Das ist ihnen wirklich nicht auf die Stirn geschrieben – aber ein wenig mehr könnten sie tun als nur auf sich zu schauen, sich nur wichtig zu nehmen, ihrer Vergnügungssucht zu folgen, ihren Lüsten zu leben! Keine Blicke auf Gemeinschaft, keine Verantwortung für andere!

BEAMTIN Traumata tragen sie alle mit sich herum!

KAPITÄN Wände beschmieren, Denkmale bepissen, Uniformierte verachten und verspotten, auf Wahrzeichen bürgerlicher Kultur rotzen … Von Geschichte nichts zu kennen und wissen zu wollen, unserer Geschichte! Eine versaute Jugend ist das!
(geht ab)

BEAMTIN *(nachrufend)* Die Jungs am Denkmal? Geschuldet ist das gestörter Kindheit!

DANAOS Sie haben Menschsein verloren mit ihrem Hass auf Fremde und der Gleichgültigkeit anderen gegenüber! Sie leben kein Leben, das sich bewähren und verantworten will. Kein kräftiges Wollen strahlen sie aus, an der Welt mitzuformen, kein Verlangen schreit aus ihnen, dabeisein zu wollen, ja zu müssen, wenn Veränderungen Wirklichkeit werden! Sie gehen ihrem Lustverlangen und ihrem Spieltrieb nach – unbedarft, wie Kinder noch! Aber – was, wenn Massen Afrikaner, die ihr als Furcht erlebt, wirklich vor euren Türen stehen?

PELASGOS Ermunternd klingen deine Worte nicht.

DANAOS Ich sage, was ich sehe: eine fehlentwickelte Jugend!

MvD Versaute Jungs finden sich zuhauf in der Welt und überall – auch Mädchen! Nicht nur in den gängigen Hafenstraßen.

KAPITÄN *(bestürzt zurück)* Ein Junge angeschwemmt, ein Kind tot mitten im Geröll! An unserem Strand –

ASSISTENTIN Ein Kind?

KAPITÄN Vielleicht acht, höchstens zwölf!

BEAMTIN Ein richtiges Kind also noch –

MvD Kommt sicher von den Booten?

KAPITÄN Angeschwemmt wie Müll, tot im Geröll!

POLIZIST Es wird festzustellen sein, woher es kommt, zu wem der Junge gehört.

ASSISTENTIN Ein schwarzer Junge?

KAPITÄN Schwarz oder weiß: ein totes Kind! Ein junges Leben hat enden müssen an unserem Strand, vor unserer Stadt, vor unseren Augen –

MvD Ist erkennbar, ob er ertrank – oder schon vorher halbtot oder tot ins Meer geworfen wurde?

POLIZIST Das wird zu untersuchen sein.

DANAOS Ihr seid begierig zu wissen, wie er zu Tode kam? Um euch ohne Schuld fühlen zu können? Kinder kommen in Millionenzahl zu Tode, weil sie zu wenig oder nichts zu essen haben, sie verhungern! Ihr wollt euch drücken, Verantwortung zu haben.

KAPITÄN Vor unseren Küsten Boote mit noch Lebenden auf dem Sprung, an günstiger Stelle an Land zu gehen!

BEAMTIN Wieso wir schuldig?

ASSISTENTIN Ein fremdes Kind, vielleicht war es krank, zu schwach, eine Meerfahrt zu überstehen – tragen wir da Verantwortung?

KAPITÄN Nur gesunde Jungs werden ausgewählt, die Flucht übers Meer zu wagen.

ASSISTENTIN Ausgesucht um zu sterben?!

KAPITÄN Väter schicken Söhne, die der Familienrat bestimmte.

ASSISTENTIN Das ist barbarisch –

KAPITÄN Sie schicken den stärksten Sohn übers Meer mit der verzweifelten Hoffnung, ihre Frauen und Kinder am Leben zu halten! Sie klammern sich an die Aussicht, dass der kräftigste Junge das reiche Land erreichen wird, sie glauben daran, dass er dort Fuß fasst, sich durchschlägt, schnell zurechtkommt mit sich in dem fremden Land, schnell eine Arbeit findet und Geld verdient – viel Geld, um es für die Familie dem Vater zu schicken!

MvD Und der versäuft es dann?!

ASSISTENTIN Hier bei uns Geld verdienen?!

BEAMTIN Das ist naiv. Sie ahnen nicht, wie sich hier Geld verdient!

MvD Spielend – so denken sie und haben Bilder ihrer schwarzen Fußballspieler und Boxer vor Augen und die Millionen im Kopf, die diese einstecken. Das hat sich herumgesprochen.

KAPITÄN Sie wollen arbeiten, Geld verdienen durch Arbeit.

MvD Dass ich nicht lache! So vielGeld, um die Familie ernähren zu helfen, wo Hunger herrscht?!

BEAMTIN Sie haben keine Vorstellung, wie es hier zugeht auf dem Arbeitsmarkt!

KAPITÄN Sie wissen um ihre Kraft, vertrauen ihr.

MvD Beim Prügeln! Sind sie hier, haben sie ihre Füße auf unser Land gesetzt, beschaffen sie sich Geld!

ASSISTENTIN Wie soll das gehn?

MvD Irgendwie. Mit Klauen und Betrügen. Schwarze sind findig und gerissen, schnell und zäh, sie halten sich gut über Wasser.

KAPITÄN Um kriminell zu werden, wagt keiner das Risiko übers Meer! Sie fliehen aus Existenznot in Ängsten! Aber sie bringen den festen Willen mit, durch Arbeit Geld zu verdienen, sie trauen ihrem Körper zu, viel leisten zu können! Und tragen die Erwartung der Väter in sich als Auftrag, die Familie zu retten!

MvD Bei der Anzahl von Kindern, die sie haben mit mehreren Frauen?! Afrika hat großen Reichtum und schickt seine Kinder ins Traumland und lässt sie ersaufen!

DANAOS Vielleicht sind es Träume, denen sie nachgehen, vielleicht Illusionen, hier Geld zu verdienen – aber sie kommen, um Zukunft für sich zu finden, um etwas aus ihrem Dasein zu machen, nicht zugrunde zu gehen! Sie suchen ihr Leben –

BEAMTIN Dafür müssten sie etwas gelernt haben! Um Arzt oder Ingenieur zu werden, wovon die Jungs reden, oder auch nur um am Fließband zu stehen, reicht ihr Schwafeln nicht. Ihnen fehlen Voraussetzungen, um überhaupt Schulen bei uns zu besuchen. Nichts als Wollen bringen sie mit. Das reicht nur zu Wenigem!

DANAOS Natur drängt in jedem Menschen sich zu entfalten, ja jede Kreatur aktiviert Anlage und Kräfte in sich zu werden, was in ihr ist, was es werden kann – hindert man sie nicht, sich zu entwickeln.

MvD Die da unterwegs sind, laufen Verlangen unserer Jugendlichen hinterher, einfach frei zu sein, sie folgen dem Geschrei nachlustvollem Ausleben ihrer Kräfte und Fantasie – nicht nach Entfaltung ihrer Natur, der angelegten Fähigkeiten!

POLIZIST Unsere Glocken der Freiheit läuten nicht zum Freisein, sie tönen falsch und schon immer.

KAPITÄN Junge Afrikaner, die kommen, wollen lernen, fleißig lernen –

ASSISTENTIN Der Junge geht in keine Schule mehr.

BEAMTIN Du meinst die Leiche am Strand?

MvD Schule ist für ihn kein Thema

ASSISTENTIN Was ist nun mit ihm?

POLIZIST Wir kennen seinen Namen nicht, nicht den der Eltern. Weder Dorf noch Siedlung seiner Heimat sind bekannt. Nur lebend Gestrandete lassen sich zurückführen –

MvD   Einen tot Gestrandeten nimmt uns keiner ab! Schon Lebende will niemand haben. Rückführen ist nicht drin!

BEAMTIN   Die Gremien sollen beraten. Vielleicht ein Grab auf dem Friedhof der Stadt?

KAPITÄN   Geben wir ihm Würde, die ihm zusteht.

MvD   Ins Meer schmeißen? Ein Gedenkgrab für verlorene Jugend?

REINA, ASSIA und ZAKA (*tragen, eingewickelt in ein Laken, eine Leiche vorüber. Alle sind verblüfft, erschrocken, verharren, blicken den Mädchen nach*)

KAPITÄN (*geht den Mädchen nach*)

PELASGOS   Die Wanderungen von Menschen flachen nicht ab, Massen verlassen ihre heimatlichen Regionen, werden fortgetrieben – Werbebilder einer sicheren, wohlhabenden Welt vor Augen als Ziel und Sehnsucht ihrer Flucht. Wir beraten in großen Zusammenkünften über Ursachen und Hilfen weltweit – stehen diesen Tatsachen praktisch aber ohnmächtig gegenüber!

BEAMTIN   Nun bleib mal mit der Kirche im Dorf mit euren Zusammenkünften, Konferenzen an schönsten Orten über Tage! Tausend Teilnehmer und mehr, tagelanges, wochenlanges Reden, Hände schütteln – und heben!

DANAOS   Und keine jungen Menschen in Fülle dabei, die voller Unruhe in ihr Morgen blicken, sich mit Kraft den Gefahren entgegenstellen wollen!

ASSISTENTIN Vielleicht haben wir Lust, uns ein Leben auch ganz anders vorzustellen? Vielleicht haben wir die Fantasie, ganz anders leben zu können: In einer Vielheit unterschiedlicher Menschen, in einer Buntheit der Gemeinsamkeit? Was jetzt, noch fremd, Furcht erregen kann, uns unheimlich erscheint und uns ängstigt.

SCHWARZER *(springt zwischen die Streitenden)* Wir nicht Ungeheuer, wir nicht rauben Besitz und Eigentum! Wir kommen mit Frieden im Herzen und Lust auf Leben!

PELASGOS Die Verwalter der Stadt sind besorgt, der Bürger Menschsein zu verkraften. Auch einer reichen Stadt sind Grenzen gesetzt!

SCHWARZER Wir nicht Heuschrecken, wir nicht kommen, euren Wohlstand aufzufressen! Wir genügsam, zäh – gehärtet im Mangel zu leben. Bescheidensein nicht Tugend, wir aus Not bescheiden geworden!

PELASGOS Auch weniges muss vorhanden sein, soll es zum Leben reichen.

MvD Für noch mehr von euch, für die vielen, die unterwegs sind, kann es nicht reichen! Vor Massen von Afrikanern stehen wir wie vor Naturgewalten, hilflos … Das muss begriffen werden!

SCHWARZER Wir nicht wie Tiere im Haus, die warten versorgt zu werden! Wir selbst unser Essen verdienen! Wir gekommen mit Kraft in uns. Viel Kraft!

BEAMTIN Mir wachsen Ängste vor dem, was zukommt auf uns: Menschen mit fremdem Blick, mit fremdem Aussehen und Geruch, mit Gewohnheiten, die wir nicht kennen – vielleicht fürchten müssen? Unheimlich ist mir!

PELASGOS Wir werden miteinander leben müssen. Auch Götter weisen keine Wege, voreinander auszuweichen!

BEAMTIN Das wäre Bürgern auch unwürdig, voreinander wegzulaufen –

DANAOS Ich nenne es menschenunwürdig, sich aus dem Weg zu gehen! Es ist unmenschlich, denen die Rücken zu kehren, die uns brauchen!

PELAGOS Es kann doch nur ein friedvolles Miteinander geben –. Einen anderen Planeten, darauf zu siedeln, suchen wir vergebens! Wir greifen zu keiner kriegerischen Wehr, heimatlos Gewordene von unseren Toren fernzuhalten. Wir vertrauen den Kräften, die in Jahrhunderten in unserem Land, in uns, gewachsen sind an menschlicher Reife, an menschlicher Güte und Würde, an Stärke und Kultur!

MvD Das aber will geleistet werden in einer zivilisierten Welt!

PELAGOS Stellen wir uns dem, was uns zu überschwemmen droht! Überwältigen lassen wir uns nicht von den Fremden! Besinnen wir uns auf uns, auf unsere Kultur – packen wir's!

RAINA, ASSIA, ZAKA (*stürmen heran, sprechen, rufen die Zeilen abwechselnd*)
Offene Gesichter
die uns entgegenkamen
kräftig die Arme
die Schutz versprachen
freundlich die Worte
mit denen sie uns empfingen
menschlich ihre Stimmen!
Dank diesen Bürgern in den Gassen
in ihrer Mitte geben sie uns Schutz
uns, die ihnen Fremde waren!

DANAOS Geschenke sind es nicht, Mädchen! Die Stadt fürchtet mehr an Lasten, sie trägt schwer daran. Es will gemeistert sein!

RAINA, ASSIA, ZAKA
Uns, die ihnen fremd noch waren
nicht als Gäste für Tage
auf Dauer laden sie uns ein
mit ihnen in den Gassen zu leben!
Unsagbar ist's für uns, Heimat hier zu finden –
(*beginnen, leicht die Körper zu schwingen und zu summen*)

PELAGOS Es will getan werden, Frauen, das sag auch ich!

KAPITÄN *(taucht überraschend auf)* Erwartet nicht, Mädchen, wie Haustiere versorgt zu werden! Wohlklingende Gesänge und Tänze reichen nicht! Die Stadt scheint euch reich – aber sie hat ihre Sorgen.

ASSISTENTIN Denkt nicht, in einem Paradies gelandet zu sein.

DANAOS Hier wird gerechnet, Mädchen!

KAPITÄN Jeder zweite Beamte glaubt, klüger zu sein als der Finanzminister. Alle haben ständig Zahlen im Kopf!

RAINA Wir wollen nicht zu Beschenkten verkümmern, Leben pulsiert in uns!

ASSIA Durchfüttern lassen wir uns nicht. Wir bringen Kenntnisse und Fähigkeiten mit. Lasst uns diese leben!

ASSISTENTIN Ihr hofft, hier Fuß zu fassen? Selbst findige Menschen tun sich schwer.

ZAKA Nehmt uns in eurem Tätigsein, schnell werden wir lernen, wie es zugeht in eurer Leistungswelt.

RAINA, ASSIA, ZAKA
Zukunft sehen wir
heimisch zu werden als Heimatlose –
Ein Morgen leuchtet uns!
(tanzen fröhlich-bewegt weiter)

DANAOS Mädchen, so kann erlebbar werden, was Träume versprachen, so kann Wirklichkeit sein, was Hoffen nur war?

RAINA, ASSIA, ZAKA
Dank diesen Bürgern
die unsere Ängste, unsere Not erfüllten
und in ihre Mitte uns nehmen!
Danke ihnen
Heimat unter ihnen neu zu erwerben!

KAPITÄN Die Stadt, von der ich berichtete, versank nicht in Dreck und Gestank, die Bürger erbleichten nicht im Gestöhn unter Lasten, jammert nicht um Verlorenes, sie suchten nicht Trost in klagenden Gesängen! Sie stellten sich neuer Wirklichkeit, halfen Fremden, in ihrer Stadt ein neues Zuhause zu finden. Und die Stadt richtete sich auf, blühte ein zweites Mal! Und vielfältiger! Es besannen sich die Bürger auf ihre Kultur, und die Zugewanderten behielten von ihrer Art zu leben. Man achtete sich, man nutzte und half sich, erfreute sich aneinander.

Werner Heinitz: Ach, Familie. Turbulenzen mit fünf Söhnen.
Eine Komödie. 132 Seiten, broschiert, 13,99 Euro,
ISBN 978-3-89793-308-8

Werner Heinitz

O du mein Romeo

Eine Stasi-Liebe-Geschichte.
Endzeit DDR

verlag am park

Werner Heinitz: O du mein Romeo. Traumatische Begegnungen und Heimsuchungen Brittas. Eine Stasi-Liebe-Geschichte. Endzeit DDR
140 Seiten, broschiert, 13,99 Euro, ISBN 978-3-89793-194-7

*Werner Heinitz: Duell: Kohlhase trifft auf Luther. Drama nach Kleist.
83 Seiten, broschiert, 13,99 Euro, ISBN 978-3-945187-02-9*

ISBN 978-3-945187-99-9

© 2017 verlag am park in der edition ost Verlag und Agentur GmbH, Berlin
Alle Rechte der Verbreitung vorbehalten. Ohne ausdrückliche Genehmigung des Verlages ist nicht gestattet, dieses Werk oder Teile daraus auf fotomechanischem Weg zu vervielfältigen oder in Datenbanken aufzunehmen.

Satz: edition ost
Umschlaggestaltung: Unter Verwendung eines Fotos Fritz Schumann, Hochzeit in Kampala, Uganda
Druck und Bindung: Sowa Druk, Polen

14,99 Euro

Die Bücher des verlags am park und der edition ost werden von der Eulenspiegel Verlagsgruppe vertrieben

www.eulenspiegel.com